Couverture inférieure manquante

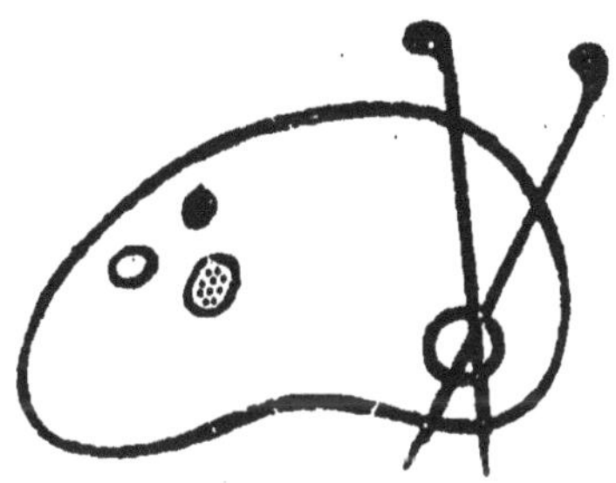

Début d'une série de documents en couleur

LES MANUSCRITS FRANÇAIS DE CAMBRIDGE

II. BIBLIOTHÈQUE DE L'UNIVERSITÉ

PAR

PAUL MEYER

MEMBRE DE L'INSTITUT

(Extrait de la *Romania*, t. XV.)

PARIS

1886

LES

MANUSCRITS FRANÇAIS

DE

CAMBRIDGE

II. — BIBLIOTHÈQUE DE L'UNIVERSITÉ

PAR

PAUL MEYER

MEMBRE DE L'INSTITUT

(Extrait de la *Romania*, t. XV.)

PARIS

1886

LES MANUSCRITS FRANCAIS

DE CAMBRIDGE[1]

II. — BIBLIOTHÈQUE DE L'UNIVERSITÉ

La Bibliothèque de l'Université de Cambridge, bien que notablement moins riche à tous égards que celle de l'Université d'Oxford, ne laisse pas de contenir un nombre considérable de manuscrits précieux pour l'histoire de la littérature française du moyen âge. A la vérité la plupart de ces manuscrits ont été exécutés par des scribes anglais et les ouvrages qu'ils renferment ont, en général, été composés en Angleterre. Cambridge n'a pas eu, comme Oxford, l'heureuse fortune de s'enrichir de collections formées en partie ou même en totalité sur le continent, comme celles de Bodley, de Hatton, de Douce, de l'abbé Canonici. Nous rencontrerons cependant, au cours de notre exploration, quelques volumes d'origine purement française, et d'ailleurs la littérature anglo-normande, qu'il serait peut-être plus juste d'appeler franco-anglaise, est en elle-même pleine d'intérêt, et par ses origines nous touche d'assez près pour mériter toute notre attention.

L'histoire de la Bibliothèque de l'Université de Cambridge ne pourra jamais être faite d'une façon aussi complète que celle de la Bodléienne. Celle-ci, en effet, a reçu, par suite de legs ou d'acquisitions, des accroissements considérables jusqu'en ce siècle, et les documents sont naturellement d'autant plus abondants que les faits sont plus récents. A Cambridge la section des manuscrits ne s'est pas sensiblement augmentée depuis 1715, et pour l'époque antérieure les documents présentent bien des lacunes. Ordinairement l'examen individuel des livres fournit des notions précises sur l'origine de chacun d'eux, mais à Cambridge cette ressource fait souvent défaut, du moins pour la partie la plus ancienne de la collection, qui a été reliée à nouveau dans la première moitié du

1. Pour le premier article, voy. *Romania*, VIII, 305.

XVIIe siècle et a perdu dans cette opération les marques de provenance qu'on trouve généralement sur les feuillets de garde ou en quelque endroit des anciennes reliures.

Le travail le plus satisfaisant qui existe sur l'histoire de la Bibliothèque de l'Université est dû à la plume de feu Henry Bradshaw, qui depuis 1856 jusqu'à sa mort (10 février 1886) a consacré la meilleure part de son activité au service de la Bibliothèque, d'abord comme conservateur des manuscrits, puis (8 mars 1867) comme bibliothécaire en chef. C'est un court mémoire, publié d'abord en forme de lettres, dans le *Cambridge University Gazette* de février et de mars 1869, puis réimprimé sans modifications en 1881 [1]. Les grandes lignes du sujet y sont tracées avec netteté et tous les faits généraux y sont mentionnés et classés. Mais on n'y trouve rien sur l'histoire des livres antérieurement à leur entrée. Or Bradshaw possédait des notions exactes et variées sur les collections anglaises du moyen âge et de la Renaissance; il connaissait l'écriture des anciens possesseurs de ces collections, et il est peu de manuscrits importants de la Bibliothèque de l'Université sur l'origine desquels il n'eût été en état de fournir quelques renseignements. Malheureusement, il n'a rien communiqué au public de toutes ces petites trouvailles dont l'ensemble eût formé un mémoire important, et qui ne seront peut-être jamais faites de nouveau.

Les plus anciens documents que nous possédions sur la Bibliothèque de l'Université remontent au XVe siècle. Ce sont deux catalogues, tous deux publiés en 1863 par Bradshaw [2], l'un sans date, mais rédigé vers 1430 [3] et contenant des additions jusque vers 1440, l'autre daté de 1473. Dans le premier les livres sont classés par matière. Chaque article est accompagné de l'indication des premiers mots du second feuillet, et du nom du donateur. Le second catalogue est un inventaire qui suit l'ordre des rayons. On y trouve aussi l'incipit du second feuillet. Il énumère 330 ouvrages entre lesquels je n'ai pas remarqué un seul titre français. Nous sommes assez mal renseignés sur l'histoire de la Bibliothèque pendant l'époque qui s'écoula entre 1473 et le milieu environ du XVIe siècle.

1. *The University Library*. Papers contributed to the *Cambridge University Gazette*, 1869, by H. BRADSHAW. Cambridge, Macmillan, 1881. In-8, 31 pages. Cette brochure forme le n° 5 des *Memoranda*, du même auteur.

2. *Publications of the Cambridge antiquarian Society*, série in-8, *communications* t. II, n° 4, pp. 239 et suiv.

3. Bradshaw le croyait d'abord antérieur à 1424, puis, ayant changé d'avis, il le considéra comme postérieur. J'adopte la date « about 1430 » indiquée par M. Luard, *A chronological list of the graces, documents and other papers in the University Registry which concern the University Library*. Cambridge, 1870, in-8°.

Bradshaw rappelle, dans l'opuscule cité plus haut, les bienfaits de l'évêque Rotherham († archevêque d'York en 1500) qui exerça à diverses reprises les fonctions de chancelier de l'Université entre 1469 et 1485 et de l'évêque Tunstall, vers 1530; mais de tous les accroissements dont s'enrichit la Bibliothèque pendant cette période, il ne subsiste maintenant que peu de chose.

En effet, l'Université de Cambridge n'échappa point aux effets désastreux de la fureur antipapiste qui sévit en Angleterre au commencement du règne d'Edouard VI, vers 1547, et qui amena la destruction ou la dispersion de la plupart des anciennes collections monastiques ou universitaires. Seules, les librairies des cathédrales paraissent avoir été épargnées, à peu d'exceptions près. Tout ce qui fut pris ne fut pas détruit et les bibliophiles du temps surent profiter de la sottise de leurs contemporains. A Cambridge le désastre fut peut-être un peu moins grand qu'à Oxford, où toute l'ancienne bibliothèque universitaire disparut. Des 30 livres du catalogue de 1473, il en reste 19 sur les rayons de la Bibliothèque actuelle [1]. C'est assez, remarque Bradshaw, pour maintenir la continuité de la Bibliothèque depuis son origine.

En 1574 la Bibliothèque ne contenait en tout que 180 volumes [2]. Mais dès lors elle s'accroît rapidement. L'archevêque de Cantorbéry Mathieu Parker lui fit à cette date un don important de livres, entre lesquels vingt-cinq manuscrits. D'autres suivirent son exemple, et le fait qu'en 1577 nous trouvons pour la première fois la mention d'un bibliothécaire attitré [3] est la preuve du progrès constant de la collection. En 1600 parut l'*Ecloga Oxonio-Cantabrigensis* de Thomas James, le premier en date des bibliothécaires de la Bodléienne, où se trouve un inventaire des manuscrits que possédait alors l'Université de Cambridge [4]. Cet inventaire est divisé en deux séries: dans la première, contenant 222 numéros, sont enregistrés les livres possédés par la Bibliothèque antérieurement à la donation de Mathieu Parker; la seconde, n°s 223 à 259, est précédée de cette suscription: *Libri omnes subsequentes ex dono beatissimæ memoriæ Reverendissimi in Christo Patris Mathiæ Parkeri archiepiscopi, in cista quadam intra Bibliothecam inclusi, diligentissime custodiuntur.* Toutefois il ne faudrait pas croire que les trente-sept articles compris entre les n°s 223 et 259

---

1. C'est du moins le chiffre que donne Bradshaw, *Cambr. antiq. Soc.*, vol. cité, p. 240.

2. Bradshaw, *The University Library*, p. 14.

3. *Ibid.*, p. 15.

4. Pages 53-69. Pour le contenu du reste du volume, voy. *Romania*, VIII, 305. L'inventaire donné par James est réimprimé dans les *Catalogi* de 1697, I, 2e partie, pp. 164-173. A la suite (173-4) est imprimée la liste des mss. orientaux acquis de Th. Erpenius.

viennent tous de Parker : on y voit mentionné sous le n° 257 le célèbre Nouveau Testament trouvé en 1561 à Saint-Irénée, près de Lyon, et donné à l'Université de Cambridge en 1561 par Théodore de Bèze [1], et il est à croire que d'autres livres étrangers à la donation de Parker ont été placés sous la rubrique rapportée ci-dessus.

Pour l'histoire de la Bibliothèque de l'Université pendant le XVIIIe siècle, je dois renvoyer le lecteur à l'opuscule de Bradshaw [2], d'autant plus que durant cette période les acquisitions de manuscrits furent peu nombreuses, du moins de manuscrits occidentaux, car en 1632 et en 1648 deux collections importantes, l'une de mss. orientaux, l'autre de mss. hébreux, furent achetées pour l'Université. Il faut cependant mentionner ici l'entrée des livres vaudois recueillis par Samuel Morland, envoyé de Cromwell auprès du duc de Savoie (1658). Cette collection, peut-être la plus précieuse en son genre qui existe [3], est surtout connue par un mémoire de Bradshaw [4].

C'est en 1715 que la Bibliothèque de l'Université reçut son plus notable accroissement. A cette date en effet, grâce à la libéralité du roi Georges I, elle entra en possession de l'une des plus belles collections de l'époque, celle de l'évêque d'Ely John Moore († 1714). La Bibliothèque universitaire fut, par cette acquisition, plus que doublée et de nouvelles constructions durent être faites pour la recevoir [5]. Nous pouvons nous former une idée de ce qu'était la collection de manuscrits de Moore vers la fin du XVIIe siècle, grâce à l'inventaire qu'en a publié Bernard dans ses *Catalogi* (1697), II, 361-78 et 393-9. Elle contenait alors, pour les seuls mss., 827 numéros, entre lesquels figurent les plus précieux des mss. français qui seront étudiés plus loin. A la fin de l'année même où furent publiés les *Catalogi* elle s'accrut encore d'une cinquantaine de volumes provenant de la collection de l'antiquaire J.-B. Hautin, mort en 1640, et par conséquent presque tous d'origine française [6]. La plupart

1. Voir sur l'histoire de ce précieux ms. la préface de Scrivener, *Bezæ codex Cantabrigiensis*, Cambridge, 1864, in-4°.

2. On peut aussi consulter avec fruit la liste des bienfaiteurs de la bibliothèque universitaire qui a été dressée par Ch. H. Cooper, *Memorials of Cambridge*, a new edition, III (1866), 67-77. Cette liste, qui commence avec Thomas Langley, évêque de Durham († 1437), ne spécifie point les livres donnés.

3. On sait qu'il existe deux autres collections importantes de mss. vaudois, l'une à Trinity College Dublin, l'autre à Genève.

4. Publié d'abord dans les *Communications* de la *Cambridge antiquarian Society*, II, puis réimprimé par le Dr Todd à la fin de son ouvrage intitulé *The Books of the Vaudois* (London, 1865, in-12).

5. Bradshaw, *The Univ. Library*, p. 25.

6. Voy. *Palæographical Society*, notice de la pl. 139. Cette notice est due à Bradshaw.

des livres provenant de Moore portent encore maintenant, sur le plat intérieur de la reliure, une gravure qui rappelle leur origine.

Malheureusement, le défaut de surveillance fut tel, pendant les trente-cinq années qui s'écoulèrent entre cette acquisition et l'ouverture de la nouvelle bibliothèque, que beaucoup de livres, manuscrits ou imprimés, furent enlevés[1]. Il n'est pas possible d'apprécier l'étendue des pertes, parce qu'il ne fut pas fait de récolement des livres de Moore à leur arrivée : nous sommes réduits à l'inventaire des mss. publié par Bernard, dix-sept ans avant la mort du possesseur, et il ne paraît pas que personne, jusqu'ici, ait eu l'idée de dresser une concordance de ces inventaires avec l'état actuel de la collection. J'établirai cette concordance pour les mss. dont j'aurai à m'occuper dans le présent travail.

En 1794, J. Nasmith, déjà connu par son catalogue des mss. de Corpus, fut chargé de rédiger le catalogue des mss. de la Bibliothèque universitaire[2]. Son travail, exécuté de 1794 à 1796, comprend tous les mss. que possédait alors la Bibliothèque, les orientaux exceptés. Les notices sont fort détaillées, et les erreurs et les omissions qu'on y peut relever sont de celles qu'il était difficile d'éviter à la fin du siècle dernier. L'œuvre de Nasmith n'a pas été imprimée, mais elle a fourni le texte du petit livre publié par M. J.-O. Halliwell (maintenant Halliwell-Phillipps), sous le titre de *The manuscript rarities of the University of Cambridge*, (London, 1841, in-8°, 175 pages). Bien que le nom de Nasmith ne soit pas prononcé dans le court avant-propos qui précède l'ouvrage, l'auteur ne peut ignorer qu'il n'a fait que copier, en l'abrégeant, le volumineux travail de son devancier. M. Halliwell a arrêté, sans dire pourquoi, sa copie à la série *FF*, tandis que Nasmith poursuit jusqu'à *NN*.

Un nouveau catalogue, conçu selon le plan étendu qu'avait suivi Nasmith, mais plus riche en renseignements bibliographiques, a été publié par l'Université en sept volumes in-8 de 1856 à 1867[3]. Si soigné que soit ce travail, qui a été exécuté par une commission formée de membres de l'Université, on comprend que les ouvrages français du moyen âge n'y sont pas décrits et identifiés avec la même sûreté que les ouvrages grecs ou latins. Je me bornerai toutefois, pour les manuscrits

---

1. Toutefois certains livres ont pu s'égarer du vivant de leur propriétaire. C'est ce qui est arrivé pour le n° 784 du catalogue publié par Bernard (II, 398). Ce ms., qui contient d'intéressants morceaux de littérature anglo-normande et anglaise, fut prêté par Moore à l'évêque Tanner, et finit par entrer dans la Bibliothèque Harley (n° 913); voy. Crofton Croker, *Pop. Songs of Ireland*, 1839, p. 277 et suiv.

2. Voy. *Chronological List*, etc. n° 255. Nasmith reçut pour son travail 350 livres (*ibid.* n° 265).

3. *A Catalogue of the manuscrits preserved in the library of the University of*

de peu d'importance, à renvoyer à ce catalogue, mon intention étant d'étudier seulement ceux des mss. français qui présentent, à quelque titre que ce soit, un réel intérêt.

I.

DD. 10. 31. — Poème allégorique. — Chansons. — La petite philosophie.

Parchemin; hauteur: 0 m 250; largeur: 0 m 180. Il n'y a pas de pagination moderne[1], mais les cahiers, formés de quatre feuillets doubles, sont pourvus de signatures (Aj, Aij, etc.) qui comprennent tout l'alphabet et de plus deux signes (& et :.). La plus grande partie du volume est occupée par des ouvrages latins: 1° Un Geoffroi de Monmouth incomplet du début, avec continuation jusqu'à 1265; une chronique des empereurs et des papes jusqu'à 1221, et l'*Excidium Trojæ* de Dares. Avec le cahier z commencent des poésies françaises, certainement composées en Angleterre, qui occupent les vingt-quatre derniers feuillets. Le ms. est incomplet de la fin comme du commencement. La partie française ne me paraît pas être de la même main que la partie latine. Toutefois les deux écritures semblent être du même temps, soit de la fin du XIIIe siècle[2].

Ce ms. porte l'estampe qui distingue les livres donnés par le roi Georges I, en 1715. Il y a lieu de l'identifier avec le n° 824 de l'inventaire de la collection Moore publié dans les *Catalogi* de Bernard, t. II, p. 399.

1. — Court poème allégorique en tercets de vers de sept syllabes. Toutefois les dix premiers vers riment deux par deux, et de ces dix vers les cinq premiers, qui forment comme l'introduction du poème, sont octosyllabiques. D'après cette sorte d'introduction, il semblerait que le poème va conter la plainte amoureuse d'un rossignol, mais il n'en est rien: le personnage mis en scène est un amoureux quelconque qui expose ses peines à sa bien-aimée, en donnant à son récit une forme allégorique. Au printemps il voit la tour où son cœur est emprisonné. Il s'y rend par un sentier agréable ; mais à peine était-il arrivé, qu'un pont-levis se lève devant lui en le frappant au visage. Puis un manteau, venu on ne sait

Cambridge. Edited for the Syndics of the University Press. Cambridge, at the University Press. — Depuis 1876 ont paru divers catalogues relatifs aux manuscrits orientaux.

1. Sauf pour la partie française dont les feuillets sont numérotés 1 et suiv.

2. Le catalogue assigne tout le ms. au XIVe siècle.

d'où, l'enveloppe subitement. Désespérant de pénétrer dans la tour, il nous fait connaître ceux qui y tiennent garnison, et d'abord les douze (?) pairs qui ont la garde de la tour et lui ont fait hommage. Voici leurs noms avec la fonction de chacun : BEAUTÉ, connétable; HONNEUR, sénéchal; FRANCHISE, maréchal; DOUCEUR, chambellan; COURTOISIE et LARGESSE, trésoriers; PURETÉ, garde-corps; BONTÉ, SENS, LOYAUTÉ, capitaines. Notre auteur fait encore mention de FIERTÉ et de DEBONNAIRETÉ, mais on ne voit pas bien s'il les met au nombre des habitants de la tour. Or cette tour n'est point autre chose que le corps de sa dame (vv. 145 et suiv.); le sentier qui mène à la tour est son regard, le pont-levis est son « semblant »; le manteau est l'amour qu'il a pour elle. L'allégorie ne paraît pas être poursuivie plus loin[1] et l'auteur termine par des plaintes amoureuses. C'est en somme, sous une forme recherchée, une complainte d'amour, qui commence, dans la forme ordinaire, au v. 7.

1 Le russinole voleit amer (f. 1)
E mist quer e cors e poer
A leal amur meintenir
4 E en avant voleit murir
Ço[m] vus purrez après oir;
Si comence issi :
En chantant vus faz ma pleinte,
8 Dame k'avez lealté meinte;
En pleygnant vus faz mun chant
10 E a pouurus semblant,
E vus di tute ma querele.
Au duz tens quant renovele
13 Choisi la tur halt e bele
Ke tant me tient en prisun.
Joe alai par grant reisun;
16 Si vus dirrai l'encheisun
Ke me fist cel eire enprendre :
Un senter i vy estendre,
19 A la tur tant bealté rendre
Ke n'oy soyng de sojur;
A joie ving e a duzur.
22 Tant [i] musai par folur
Ke me sourt, a foer de lere,
Pount tretiz de grant manere
25 Ke tu m'ad baty la chere;
Si m'ad fet meint grant revel.
Un tur y fis de novel;
28 Lors m'enclost un grant mantel
Haut e fort a demesure,
Si m'ad fet tel enserure,
31 Dunt j'ai perdu enveysure,
Tant suy murnes e pensifs.
Cist manteals m'ad tant malmis
34 E en tel destreit assis
Ke jo ne puis a chef trere
Pur ren ke jo puisse fere, (b)
37 Ne la tur ne puis cumquere
Ne a force ne par engin,
K'ele set sur un marbrin,
40 E tient a sei tut enclin
Garnature bele e gente
Dunt chescun d'eus le presente

1. Au v. 190 « Gentillesse » semble bien être l'interprétation d'un des types allégoriques présentés plus haut, mais le v. 189, qui devrait indiquer ce type, fait défaut.

20 *On peut compléter ce vers en corrigeant* K'onques. — 21 *Ms.* v. e la d. — 23 *C'est l'expression française* a larron. — 25 *Corr.* m'abaty. — 40-41 *Manque-t-il un tercet entre ces deux vers, qui ne paraissent pas donner un sens suivi?*

43 Tute sa plenere entente
A meintenir san noblei.
Tant li portent bone fei
46 Chescum de nus endreit de sei
Ke trestut le sane me mue.
Cum plus i vey bele veue
49 Plus en tremble e tressue;
Si m'en est li mals plus gref.
Coment ke seie a meschef,
52 Chanter m'estuit de rechief:
De la halte tur garnie
E de la noble meinye
55 K'ele tient en sa baillie
Vus dirrai tut au premer.
N i sunt li duple per
58 Ke la tur unt a garder.
Fiance l'unt fet e homage,
Mut sunt de gentilz parage;
61 Ne le tiengez a outrage
Si lur nuns poez aver,
Solun mun sen e saver
64 Vus dirrai trestut le veir,
Ne quidez (pas) ke ço seit fable.
Bealté y est conestable;
67 Tut adès se tient estable
E denz tut se fet eslit.
De ço fet trop ke parfit.
70 Orgoil tient en [grant] despit;
N'ad cure de s'acoyntance; (c)
Tut sanz lui sun sen avance
73 En ben e en avenance,
Si a i peynes e travals.
Honur i est seneschals
76 Sur tute vertu reals,
Huntage par tut despise;
Mareschal i est Franchise:
79 Ne fereit une mesprise
Pur ren, en ço ke jo enteng.
Duzum i est chamberleng;
82 Amur est kanke j'enpreng;
Dunt remeyng en tel destresce.
Curteysie e Largesce
85 I sunt adès sanz peresse
Ki empleynt les tresors;
Nettez i est garde[c]ors,
88 Tant k'au funz de quer marmors
E me ront tote[s] les veines.
Pus i sunt treis chevetenes
91 Ki trop m'enoytent les peynes,
Dunt suy tant mal demené:
Bunté, Sen e Lealté
94 Sunt li troys entrejuré
Ke tute vertu retenent;
Lur estat tant ben retenent,
97 Ben sai ke de els me venent
Les anguisses ke j'en treys;
Trop suy chargé de gref fès;
100 Si m'en doil jo n'en puys mès,
Tant me venent a grant masse.
Une i est ke tut me quasse,
103 Mut [a] enviz la nomasse,
Mès mun quer en fin le voet,
Le meuz fet ke fere poet
106 Ke de gré fet ço k'estoet, (d)
Mès ceo ert en vostre menoye:
C'est Ferté ke me genroye
109 E me tout tute ma joie;
Si m'esta ne sai coment,
Mès trop me fet le quer dolent,
112 Main e seir, e ceo sovent,
Kant mes mals ne me lest dire,
Si m'ad le quer enflé de ire
115 E me tient en tel ma[r]tire,
Tant e tempre, sanz repos,
Ke me dolent tuz les os,
118 Si k'a poy me ront le dos,

---

46 *Corr.* ch. d'eus, *pour le sens et pour la mesure.* — 57 *Corr.* duze p. ? — 62 poez, *corr.* volez. — 68 *Corr.* d'euz tuz? — 81 Duzur, *ms.* Dunt tour. — 88 *Corr.* m'a mors? *qui rimerait correctement avec* cors. — 95 retenent, *corr* mantement? — 106 Ke *pour* ki. *C'est à peu près le proverbe: « Ki fait ce qu'il puet, on ne luy doit plus demander. »* (*Le Roux de Lincy*, Liv. des prov. II, 392). — 118 k'a, *ms.* ke.

Tant me fet dure trayne!
Mès DEBONER[E]TÉ fine
Ke tuz les bens me destine
M'en ad respité la mort
E me fet meint beau deport,
K'en ly est tut mun confort
E quanke mun quer espeire.
. . . .
Nuyt e jur e fet sun eire,
Kar autre retur n'y voy.
Confort en ay, mès ceo poy;
Si me teyng ensi tut coy,
S'en languiss en tel meseyse.
Estrangement se richeise
La tur desus la faloyse
En dedut e en solaz;
E jo, chaitif, ne sai ke faz
Mès ke pris suy en sun laz.
Si ne puis merci ateindre,
Ma pleinte ne puis mès feyndre,
Kar cy mals me vient destreindre.
Pur ceo, dame, si vus plet
Vus dirray tut quank' en est
E coment ceo mal me crest (*f.* 2)
Ke m'ad tenu si grant pose.
Eymy! trop est halte chose.
La tour ou [si] se repose
Chescune bele vertu,
C'est voz cors dunt suy enu,
Si sotivent m'ad receu.
Ben est dreit ke jo me plenge,
Kar le cuer trestut m'engreynge;
Trop i ai verray[e] ensoynge,
Le cors en est malbailli,
Du parler suy esbaï,
Le quer m'en est près failli;
Poi s'en faut ke ne me pasme.
Mès si en rendisse l'alme,
Lequel ke j'oye, gré ou blame,
Astenir mès ne me puys
Ke ne die mes enuys
E le confort ke jo trouys (*sic*)
En fet, en dit, (e) en pensée.
Trop me fet dure hastée
Cyst senter ke tant m'agrée
Kant m'a mys en te' purpens,
C'est voz regarder tut tens,
Me neyntit trestut mun sens,
Si fetement s'enprent l'ovre;
Le pont tretiz trop se covre;
Ja pur ren ne se descovre
N'a certes n'e[n] jeu n'en gas:
C'est voz semblant, eymy las!
Tant m'ad mis de halt en bas
Ke du dire ay grant vergoygne.
. . . .
Li manteals ver[s] moy s'aseygne,
Si me retent en sun bail
Lors me fronte d'un grant mail,
Assez en avreit un chamail, (*b*)
Ke assez est plus fort k'un home:
C'est votre(*sic*) hamur, c'est la sum-
Fol ne sage cy k'a Rome [me];
N'en sout unkes mès nul mot.
De vus m'estuit venir lot (*sic*),
Quel en serray, sage ou sot,
K'en vus remaint tute l'ovraigne.
Trop est halte la montaigne
Dunt li rampir me mahaygne,
Mès de l'espleiter n'y ad point;
. . . .
C'est gentillesce ke poynt
Mun quer ke tant se travaille
Sanz merci ke ren ne vaille,
Kar jeo seng si gref bataille
Ke la vie près me faut.
Mès cy senter ke tant vaut
Me fist a primes si baut
Ke d'autre ren ne pris garde.
Pus me mist en une engarde
Ke tut le quer me couarde

---

126 *Vers omis.* — 135 *Suppr.* E? — 147 *La fin du vers paraît corrompue.* — 148 *Corr.* Si suefment m'ad deceü? — 157 *Corr.* k' aye? — 192 merci, *ms.* merit. — 195 cy, *corr.* cist, *de même v.* 260, 294.

Despuys ke passay le pount,
Ke d'espleiter me somunt,
E pus m'a mun eyre rount;
En tut poinz mun sens afole.
Trop me tient en dur' escole
Kant ne poy aver parole.
Cyst manteals dunt jo me pleing,
Certes, trop m'ad en dedeygn
De si cum ren ne me feyng
De lui servir sanz deceyte.
M'enprise est trop male[e]ite,
Kar de mal en pys me hete.
Tant est cist manteals hauteyn
De l'escondit suy certeyn,
Si ay le quer (e) mat e veyn, (c)
La mort ne pus mès esturdre.
Ke vaut mun quer ensi turdre?
Si jo moer de si fet murdre,
Gueres ne serra conseil
Kar de ceo sunt
Si cels ki sunt my pareil
N'en facent mut trè[s] grant noyse.
E sachez ke trop me peyse:
Meulz volsisse pleine toyse
Aver perdu de ma char,
K'il dirrunt ke par eschar
M'avrez murdri sanz esgar,
E ceo vus serreit grant hunte.
Cest pleder a mey k'amunte?
Ceo serra la fin du cunte,
Ke trop est de mal acoyl
Amur kant ensi, sun voil,
Murdrit la gent par orgoil.
N'est pas l'amur delituse,
Einz est peyne doluruse,
Dure prisun e hyduse
Ke l'amant ensi deceit,
Kar a primes mut la creit
E en quide fere espleit,
Kant li surt a la secunde
Tristece tut a la runde
Ke nuyt e jur le surunde
E le sert tut a reburs.
Lors li cressent li mals jurs,
Languir l'estut en dolurs.
. . . .
L'amurs de vus tant m'alume
Ke le quer trestut m'en fume,
Ne pur freit ne chaud n'esteint,
Mès en suspirant se pleint
Ke vostre ferté l'enpeint (d)
E ses dolurs trop l'agrege.
Deboner[e]té l'alegge
E mult de ses mals abregge,
S'en est entre ben e mal,
Un'hure amunt, (un')autre aval;
L'un est (a)l autre cuntrestal.
La fevre trop ben resemble
Tute, ses veynes ensemble,
Une hure art, un' autre tremble,
Si le demeynent cy deus:
L'un est duz, li autre feus;
Servir les covient amdeus;
Meuz li plerreit l'une sule,
Kar il est cum mer ke fole;
E quant plus ne poet se coule,
Lors enpeyre sun esta(s)t,
K'a sey meimes se combast
Tant k'après en est tut mat.
Nuyt ne jur ja ne s'areste;
Puys est vent que tempeste,
E si fet meint grant moleste;
Pus est poy e pus est nent.
Ne sai dunt force li vent
Ke si grant estour soustient,
Mès le vis en ad tut pale;
Lors est solayl ke se hale
En muntant, et pus avale;
Tant s'en turt ke n'en poet plus.
Kant tut s'est mis a desus,
Trebucher l'estut tut jus;
S'en devient plus neir ke moure.

---

205 *Ms.* ne poy ne poi. — 219 Sic, *suppl*.....? — 220 pareil, *ms.* peryl. — 231 kant, *ms.* kont. — 257-8 *corrompu?*

Si fetement me savoure
283 L'amur de vus ke devoure
Trestut le sanc de mun quer,
Ke jo ne puys a nul fuer (*f.* 3)
286 Longes durer, einyz me muer,
Si d'onur ne vus sovienge
Si vus pry ke ben avienge;
289 Lequel ke mal ou ben en vienge,
L'un des deux voyllez guerpir;
E si jo n'en puys garir,
292 Tantost me facez morir,
K'ore me serreit trop sueve,
La mort kant cy mau me greve,
295 Tant ke le quer près me creve.
Mès ja pur ceo ne lerray (*b*)
N'en soye loyaus ou vay
301 E de quer jolifs e gay
Pur itant cum j'ay a vivre,
Kar jo moer tut a delivre
304 Mut ducement, tant m'enyvre
La beauté ke voy en vus.
Tut vus ay dit a estrus:
307 Dolent me fet e anguissus
L'amur ke ja n'ert esteynte.

2 à 7. — Suite de chansons. La première est une chanson d'amour composée de cinq couplets de douze vers de sept syllabes, dont les rimes, qui changent à chaque couplet, présentent la série *abab baab baab*. C'est précisément la forme qu'offre une pastourelle plusieurs fois publiée[1]. La chanson du ms. de Cambridge a certainement été composée en Angleterre, comme le montre au premier couplet la rime de *peché* (français *pechié*) avec divers mots en *é* pur, et au cinquième couplet, le mélange des rimes en *er* et en *ier*. On remarquera au couplet IV la comparaison de l'amant avec l'unicorne qui s'endort la tête sur les genoux d'une vierge et se laisse tuer sans se défendre. Le roi de Navarre en avait fait usage dans sa pièce *Ausi com l'unicorne sui*[2]. La première chanson est écrite à longues lignes occupant toute la largeur de la page, de façon que chaque ligne comprend à peu près régulièrement deux vers. Au contraire les pièces suivantes, jusqu'à la sixième inclusivement, sont écrites à deux colonnes, chaque vers occupant une ligne, les couplets étant distingués par un signe marginal.

3. — C'est une longue chanson d'amour en trois couplets de vingt-quatre vers. Chacun de ces couplets se subdivise en six quatrains, les rimes se suivant dans cet ordre: *aaab aaab bbba aaab bbba aaab*. On pourrait considérer chacun de ces couplets comme une chanson indépendante. Ce qui m'a amené à grouper les trois strophes en une seule pièce, c'est que l'idée se poursuit de l'une à l'autre. Je ne connais du reste aucune autre poésie offrant cette disposition, sinon la pièce n° 5, du

---

1. Bartsch, *Romanzen u. Pastourellen*, p. 106.
2. Publiée en dernier lieu, sous le nom de Pierre de Gand, par M. Scheler, *Trouvères belges*, I, 144.

même ms. Le sens est parfois obscur, parce que le texte est corrompu en plusieurs endroits. On voit toutefois que l'auteur, parvenu au but de ses désirs, nous fait part de son allégresse, et blâme ceux qui, préférant la richesse à la beauté, adressent leurs hommages à de grandes dames.

4. — Cette pièce offre avec la précédente un rapport de forme évident. Elle se compose de cinq couplets de 18 vers rimant ainsi : premier, quatrième et cinquième couplets : *aab aab bba aab bba aab*; deuxième couplet : *aab aab aab bba bba aab*; troisième couplet : *aab bba aab aab bba aab*. Il est certainement possible de faire de chaque couplet une petite chanson, mais, malgré les légères différences qu'on remarque dans la disposition des couplets II et III, j'aime mieux réunir les cinq strophes en une seule pièce.

5. — La pièce 5 est, comme forme, identique au n° 3. Pour le sujet, c'est un art d'amour en abrégé. L'auteur, qui depuis longtemps s'était abstenu de chanter, s'est remis à l'œuvre pour instruire les jeunes gens qu'il voyait se livrer à la vie amoureuse avec l'ardeur de leur âge, mais souvent « fourvoyer ». Ayant pitié d'eux, il s'est décidé à faire une chanson — c'est ainsi qu'il dénomme sa composition — pour les remettre dans la droite voie. L'amour qu'il recommande est un sentiment pur et élevé qui développe chez celui qui le cultive toutes sortes de bonnes qualités, et particulièrement celle de bon chrétien (v. 40). Les préceptes de notre auteur sont du reste assez insignifiants, et il en diminue encore la portée en avouant qu'il n'a jamais su se faire ouïr d'Amour, et qu'après avoir langui toute sa vie il mourra d'avoir aimé. Le copiste paraît avoir considéré les pièces 3, 4, 5, comme formant un seul poème, car il les a transcrites sans les distinguer, tandis qu'il a commencé la pièce 6 par une capitale peinte.

6. — Complainte amoureuse en tercets commençant et finissant par un couplet de deux vers. L'auteur déclare qu'il a longtemps servi Amour sans obtenir aucune récompense, aveu auquel nous avait déjà préparé le dernier couplet de la pièce précédente. Sa dame lui a ordonné de cesser sa poursuite. Il n'a plus qu'à mourir, et il fait son testament élisant pour exécuteurs testamentaires ceux qui ont le cœur gai et amoureux, laissant à Ennui ses pleurs, au felon médisant ses peines, au malotru désagréable ses douleurs, au vilain jaloux grognon ses angoisses et la hart, etc. C'est un testament dans lequel les personnages allégoriques sont mêlés à des personnages plus ou moins réels.

7. — La septième pièce, qui est une chanson d'amour, présente la même forme que la seconde, et est, comme celle-ci, écrite à deux vers par ligne. Elle est d'une longueur exceptionnelle, puisqu'elle n'a pas moins de neuf couplets. Si on fait abstraction de fautes de copiste, en général faciles à reconnaître, on se trouve en présence d'un texte plus correct que la plupart des poèmes français composés en Angleterre vers le même temps. Il y a cependant quelques mauvaises rimes qui décèlent la patrie de l'auteur : *reis* (il faudrait la forme du sing. rég., 8), *féve* (faba) 94 en rime avec *breve*, *creve*, etc., *entendre*, *fendre*, *prendre*, *rendre* (dernier coupiet), rimant avec *mendre* (mĭnor), *esteyndre*.

Ces diverses pièces, qui sont sûrement du même auteur, n'ont pas un grand mérite littéraire, mais elles ont une grande valeur pour la connaissance de la poésie lyrique en Angleterre qui, jusqu'à présent, est très pauvre en monuments de ce genre.

2.

I Lung tens ay de quer amé, (*f* 3 *a*)
Celé l'ay d'estrange gyse.
S'en ai grant tort e peché
Ke ma dame n'ay tramise
L'amur k'en lui ay assise
De fin quer sanz fauseté,
Dunt la serf en lealté
E serveray sanz feintyse.
Du celer faz grant mesprise ;
Si m'en confès a sun gré :
En chantant, ma v .ité
Faz saver a sa franchise.

II Dame, quant primes vus vi,
Tant futes de bealté fine
De tut mun quer vus seysi;
Vus en avez la racine ;
Mès vus k'estes enterine
De cors e de quoer ausy,
N'en seustes mot ne demi ;
S'en ay trop dure trayne.
Meuz vousisse mort sovine
Ke vi''re longes ensy ;
Ben le sachez tut de fy,
Ja sanz vus n'avray mescine.

III Tut ensi va de mun cors
Cum d'une torche eslumé[e] :
La char se destruit dehors,
Si n'esteynt point ma pensé[e].
Jo vus [aim], dame honuré[e]
En ki remeint mes tresors,
Mès jo nen ai nul confort ; (*b*)
Cele est ma destinée
Coment en ay grant hastée
Mein e seir, sanz nul deport.
De vos beals euz m'avez mors ;
Si vus plet, treben me greye.

IV L'unicorn, quantveit ormir,
Se baundone a la pucele ;
Ne prent garde de morir
Quant uns armé l'anbouele.
Ensi m'est, m'amie bele :
Voz bunté voil obeyr,
Voz ferté me voet ferir
Du mal dunt la mort m'apele.
Si n'os dire ma querele
Ne mun penser descovrir.
Cum poet vos buntez suffrir
Ke voz ferté tant revele ?

V Pus ke n'os od vus parler,
La mort m'est trop ben venue,

---

19 *Ms.* Jensuystes. — 32 *Corr.* Itele?

Mès si vus pleseit abreger
La peyne k'issi me tue,
Mut vus serreit grant value
Si me pussez alleger
D'un sul beau respuns, dunt
M'avrez la vie rendue.
Soviengez vus ent, ma drue,
Ke sanz vus ne pus durer;
Si vus puys ben aficher,
Kar d'autre ne quer ayue.

3.

I Tant suy a beau sojur (f 3 a)
Frai chançonele d'amur
E de sa tregant valur
Pur refreindre mun deheyt.
De tuz bens est la plur,
Joie, solaz e duçur;
Sanz, curtesie e valur,
Nul ne set le grant espleyt.
Mès cil k'amur creynt e creyt
Sovent en ad chaud e freit;
Enz ke tuz ses bens en eyt
Li crest meint novel errur.
Pur la peine e la dulur (c)
K'il en tret e nuyt e jur,
Sovent en prent grant folur,
Tant le meyne amur estreit.
Kar hòm(e) ne poet par nul dreit
Sanz les bens k'aver deit
Li fin amant quant receyt
Sun loer a chef de tur,
Einz k'un eyt sentu l'estur
D'amer e la grant tristur
Ke fet as amanz poûr
E sovent tient en destreit.

II Custume est de mut de gent
D'amer si trehautement,
Les grant dames nomement
K'en peyne ne poet nul chevir.
Merveil est, quant hum enprent
D'amer, cum garde ne prent
De bealté n'acemement,
Ke meuz i deit avenir
K'aveyr k'un poet tenir;
Mès pur l'avoyr a teyïr,
Pert hun ben le sovenir
De si fet avisement,
Kar hum veit assez sovent
Honur guerpir ledement
Pur un petit richement
Ke tantost poet descheïr.
Cil k'eyme par tel desir
N'estut ja d'amur languir
Ne le gref dulur sentir
Ke li fin amant en sent;
Mès pur l'amur solement
Devient murnes e dolent,
E dit ke cele au cors gent
Li fet tut le cors fremir.

III Joe n'ai pas tou apris : (d)
Aylurs ai mun quer assis
E plus beau, cest m'est avis,
K'en avoyr a lur semblant,
Kar a tel me suy [joe] pris
Ke mut [a] tretis le vis,
La char blanche plus que lys,
Le cor (*sic*) gent e avenant.

---

51 *Corr.* pleseit *en* plest? — 52 me, *ms.* ma (= *m'a tué*). — 54 dunt, *corr.* duner? — 60 ayue, *ms.* ayne.

3. — 5 Sic, *corr.* flur. — 18 *Corr.* Saver? — 28 *Corr.* K'a p. en p. nul. — 33 *Corr.* k'um puisse t.? — 34 *Corr.* acoylir? — 49 *Corr.* tant haut empris? — 51 cest, *corr.* ceo. — 54 *Ms.* cretiz.

C'est tresur a fyn amant,
Kar de tuz bens i ad tant.
Ke vus irroye plus disant?
D'avoyr sanz mut leger prys;
Ke avoir fet la gent failliz,
Recreanz, mautalentiz;
Avoyr va de mal en pis,
Trop est avoyr mescheant.

Beauté va tut tens cressant.
Les amanz rebaudisant,
Li plusur en sont vaillant,
Pruz de cors, de quer jolis.
Mès joe suy adès pensifs
E de poûr entrepris;
Si ai perdu e jeu e ris
E vois merci attendant.

4.

Tant cum plus ai mis ma cure
D'amur servir en dreiture,
E plus y sui mescheant,
Cors e avoyr, tant com dure,
Si ai mis en aventure
De fin quer rebaudisant.
S'en ai peyne languisant,
E meynt grant fes e pesant
Sustieng en sus la ceynture,
Ire, languor e enplure
Me funt l'assaut de hure en hure
A funt de fin quer amant; (f 4)
Mès li mal m'est si pleisant
Ke ja n'en f[e]rai semblant;
Tut le preng par enveysure,
K'amur est de grant mesure :
S'en rent par dreite nature
Plus haut guerdun ad entant.

II Dunt me vendra d'amur plere?
Sen ne saver ne vaut guere
Kar les meus failli sunt;
Si m'estut d'amur retrere,
Pus ke ne puys a chef trere,
Si enverray le quer runt.
Las! cheytifs, ke porray fere?
Tant m'unt quis en mere, en tere,
Ne garray ne val ne munt.
Les grefs mals al quer me vunt,
(E) meynt mortel asaut me funt;
Ne puys mès suffrir la guere.
Si feray, quant prys m'averunt;
Ses solaz me guar[r]unt,
Ne me fra mès en contrere,
Kar a primes voet enquere
De l'amant tut sun afere,
Pus l'en sert k'a fet adunt.

III Cent foiz le quer me suspire
Quant ne puys trover matire
D'amur servir a talant,
Ke de faillir n'est pas lent,
Einz me va poygnant sovent.
Leger fuisse a desconfire,
De mun sen ne suy mès sire
Pus k'amur par mal me tyre
A funz de quer le mal sanc,
Si ne fut un gentil mire
Ke de cel mal set eslire (b)
Le plus suef alegement :
C'est confort ke tut teu gent
Guerdune si très franchement
Kanke lur quer en desire,
Car si hom sent gref martire,
Pur le mendre doil ou ire
Doune solaz plus de cent.

IV Point suy d'amur, trop m'est fere.
Amur me fet murne chere,
Allegance Deu me doint.

---

60 *Corr.* A. s. plus?

4. — 10 *Faut-il supposer un subst.* emploure *formé sur le v.* emplourer? — 21 *Corr.* f. i unt? — 24 *Corr.* Si en aray? — runt *est un part. mal formé de* rompre. — 26 *Ms.* en tere en mere. — 27 *Corr.* n'en v. n'en m.? — 33 *Corr.* Ne m'estra? — 36 Sic.

Ne puys, tant ke mort me fere,
Amur guerpir, tant m'est chere,
Kar dedenz mun quer l'ai joynt.
Tant m'ad de doçur enoynt,
E de ben amer enjoynt,
Mès tant sovent m'est amere
Ke meuz volsisse estre en bere
Ke tant vivre en tel manere,
Ke esperance n'y ai point
Fors que solement un poynt:
C'est confort, ke tut a point
Me promet amur entere;
K'amur est del tut plenere,
N'est pas fole noveler[e],
Le fin amant en tut point.

V Meint turment al quer m'escleire,
Tant ay trovè dure seire
Les en ay pale e teynt.
Mun estat adès espeire,
Ne le pris pas une peyre;
S'en suy près du tut esteynt.
Alas! trop hai le quer feint:
Si amur m'ad d'un dart enpeynt,
N'ay pas ou coup de coveyre.
Amur est tant deboneire, (c)
Poy veit hom ke ben espeire
Ke par duçur nul estreint,
Si un poy suy d'amur destreint
Dehez eyt ke mès se pleynt!
Fous es ki se des[es]peire,
Kar a fin amant repeire
Joie d'amur d'eyre en eyre,
Si assouuage dolur meynt.

6.

I Grant pesç'a ke ne chantai,
Ne k'a ceo ne me donay;
Ore suy mis a l'asay
Pur ces juvenceals treter
Ke tant sunt jolifs e gay,
Novelers e nunneray,
Nunchalers e auke lay,
Kant il comencent d'amer.
Sovent les voy forveyer,
D'amur flecchir e fauser
Kant il n'unt tut al premer
Lur desirer sanz delay.
Pur la pité ke jo ay,
Kant les vey si en estray,
Une chançon lur feray
Dunt se porrunt aviser,
E pur tels genz redrescer,
Rebaudir e assenser
E d'amur reconforter.
Les granz bens lur en dirray,
Kar de veir le quid e say
Ke de tels i troveray
K'al dreit chemin remerray
D'amur servir sanz tricher.

II Trop sunt d'amur haut li non
E plus en sunt grant li dun.
Tant en y a grant foysun
Huymès nes avrai nomee. (d)
Mult avra riche guerdun
K'amur sert sanz traïsun
E sanz penser s'a ly nun
A ki est primes donee,
K'un en devent avisee,
Corteys e ben entechee,
Coyntes e meuz acemee
E plus sages de reysun,
Jolifs en tute seson,

---

72 *Ms.* fint. — 75 *Corr.* Le vis? — 76 *Corr.* enpeyre? — 81 Sic, *corr.* N'est pas un coup de toneyre. — 84 nul, *pour* ne l'.

6. — 6 *Ms.* nūneray. — 11 n'unt, *ms.* nunt.

Franc de quer, net cum faucon,
Pruz e fer plus ke lyon
E bon crestien en Dé.
A la fin, en lealtee,
En honur e en buntee,
Ceo k'um ad tant desiree
Tient hum ben en sa bandun.
Amur est de grant renun,
De tuz bens est encheisun
E de tuz mals garysun,
Ben la deit hum fere a gree.

III Mut ert d'amur averti
Ke lunges l'avra servy
E en quide aver failli
Ke dunc se teint an recey,
Sanz parler ent a nuly,
N'a procen parent n'amy,
Mès k'il atende mercy
De fin quer en dreite fey ;
Si vus dirray le purquey :
S'il s'en pleynt ne grant ne poy
Tost li dit s'amie : « Avoy !
« Quidez me vus gayner ensi ? »
S'il se tient clos e serri
En fet e en dit ausi,
Quant le savera tut de fi
De s'amur li fet envoy. (f. 5)
Ceo ne di jeo pas de moy,
K'unke tant de ben n'en oy
Ne tant servir ne la soy,
K'une foyz en fuysse oy,
Einz me covir en reri (*sic*) ;
Du cors en suy malbailli,
Tut mun tens en ai langui ;
S'en morray, trés ben le voi.

6.

Longement me sui pené
De servir en lealté
Amur de trestut me sens,
Mès unkes ne vi le tens
Ke [me] venist nul asens
Dunt me puisse conforter ;
Si l'ai servi sanz fauser
E sanz ren aillur penser,
Mès unkes n'en oi merit,
Nun pas tant cum du beau dit,
Fors que tonir l'escondit.
M'en sui enz miz a desuz ;
Mès li mals m'en est si duz,
Ke mes granz ennuys trestuz
En li servir vanthe saufs,
Kar joe serf de quer leals ;
Ne pur peines ne pur travaus
Unke d[illegible] ren ne me feins,
Mès tujur a joynte meins
La pri cum amy certeins
K'ele pense de sun prisun.
Ore m'a dit a baundun
Ke jo lesse ma tençon,
Sanz parler mot ne demy ;
Cel m'ad tut esbaï ;
E quant de moi n'ad merci,
De la mort me fet present :
Jo la recef bonement, (b)
Si en frai mun testament.
Dunrai [a] ennuy mes plurs.
Al nun du douz Deu d'amurs
Ferai mes essecuturs
Ke parf[e]runt mun devis.
Premer i serrunt assis

---

50 *Ms.* les a. — 52 *Ms.* au re retey.

6. — 3 me, *corr.* mun. — 10-11 *Ces deux vers sont intervertis dans le ms. L'ordre a été rétabli par des lettres de renvoi.* — 11 Sic, *corr.* F. ke d'ouïr ? — 25 *Corr.* Cel[e] *ou* Cel [mot] ? — 34 *Ms.* serrū.

35 Ceus ke sunt de quer jolifs,
Enveisez e revelus;
S'en serrunt les amerus,
38 E pus les chavalerus
K'a ceo serrunt atendant.
Tut a primes i comant
41 Au trefelun medisant
Les peines dunt sui enbu;
Al ennuyos malestru
44 Mes dolurs granz e menu,
Kar trop est de male part;
Al vilein jelos groinart
47 Mes angoisses e la hart,
Kar il en ad fet le fuer;
A cele pur ki me moer
50 Cors e alme e tut mun quer
Comand tut a sun pleisir.
Des bens n'ay [mais] ke partir,
53 Ke unke n'oi nul desir,
Mès du duz penser adès
Relement voer poi e près
56 E par le de povre cles (*sic*)
Unke plus delit n'en oy,
E ceo me semble assez poy
59 Ke jo reteng enver moy
. . . .
K'a ceo serra sun(t) resort;
62 La moie alme après ma mort
S'en avra plus beau repos.
Amur me turne le dos
65 E mer moi ne fet si gros (*c*)
K'en fin morir me covient;
De l'escaper n'i ad nient,
68 Kar la mort al quer me vient
E me fet meint dur asaut.
Deu! jo moer, e moi ke chaut?
71 Fere me covient le saut;
Quant merci d'amur n'avrai
Si comand a Deu le verrai
74 Ceus ke d'amur funt l'assai
Sanz coveiteise d'avoir.
Deu lur doint sen e savoir
77 Ke ben en puissent valer,
E puis venir a bon chief (*b*)
. . . .
80 As gelus Deu doint meschief,
Feu d'enfer par tut le cors,
Povre e riche de tresors!
83 Nul de eus n'i met dehors,
Kai trop sunt diverse genz;
Passion les fere as denz,
86 Par defors e par dedenz,
K'as amanz sunt mal veisin!
Trop sunt de felun e[n]gin;
89 D'assez sunt pire ke mastin,
Si les comand a malfee,
Tuz jur[z] eient il mal dehee!
Amen.

7.

I Quant le tens se renovele (*f. v°*)
E reverdoie cy bois,
Cist oysials sa pere apele
4 Cele cum a pris a choys;
Lur voil chanter sur mun peis
D'une dame gent e bele,
Sur trestutes tourturele.
8 Ben fuyst al plus grant reis
Ke unkes seit en see n'en deis,
Tant est noble uvencele;
Mès ver moi tut tens revele,
12 Si me respunt en gabeis.

II Tant ad noble contenance
Cele pur ki faz cest chant,
Sage diz e poi parlance,
16 Duz regard e bel semblant.
Mut est simple e poi riant,
Ben se contient cum d'enfance.
Tant vus di, tut sanz vantance,

---

41 *Ms.* Autre f.; *il faut entendre* Au très felun. — 65 *Corr.* Enver moi se f. — 74 funt, *ms.* sunt.

Loinz ne près n'ad per vivant;
Sire serreit sun amant
Si ele l'amast par fiance.
Mès jo n'ai nul' esperance
Cument la puis amer tant.

III Deu! tant est de bonté pleine
Ma dame al cors lunge e gent,
E de parole certeine
Beaus respunt [a] tute gent.
Bon mestre a ki ben aprent,
Kar curtesie la meine,
Franchise al cuer dreit l'aseine,
Largesce sun cors i prent;
Meint hom pur lui joie enprent,
Tant la trove sage e seyne;
Mès jo 'n ai trop mal estreine
Sanz l'angoisse a gref turment.

IV Sa beauté ne puis descrire,
Tant ay ver lui bon' amur.
Deu de gloir[e] reis e sire
Kant la fist si bele honur
Ke de bealté tient la flur,
Nuls ne poet contredire.
Pur li meynent doel e ire;
Mut de gent par grant folur,
Pur reprender lur vigur,
Chescun d'els en li se myre,
Mès j'en sofre gref martire,
Tant me destraint ma dolur.

V Tut le plus de s'estature
Ore a ki le voet savoir:
Mut ad beau chef sanz triffure,
Large frunt e surciz noir;
Ja n'esparnerai le voir: (f. 6)
Tant ad bele chevelure,
Menue la recercelure,
Tut en resplent un manoir.
Ki porreit sun gré avoir
Mal n'avroit fors k'enveisure,
Mes jo, cheitif sanz mesure,
Ai perdu sen e savoir.

VI Plus i a en tel visage,
Ja l'orrez si nul me creit,
Le[s] euz veirs, nun pas volage,
Remuanz a bel espleit,
Beau neys avenant e dreit,
Meine buche sanz utrage,
Mentun petit cum d'ymage,
Lung le col, le quir estreit.
Ne puis savoir ke me deit
Quant ne chevis mun message,
Mès jo en ai la vive rage,
Tant sui mis en fort destreit.

VII Si les flurs d[el] albespine
Fuissent a roses assis,
N'en ferunt colur plus fine
Ke n'ad ma dame au cler vis;
Les espaules ben assis,
Poy le ney e la peitrine,
La char blanche plus ke cyne,
Par tut en porte le pris;
Dunt suy si forment suspris,
Ne sa[i] k'amur me destine,
Mès ceo feis me runt l'eschine,
Si m'esta de mal en pis.

VIII Coment ke ço feis me greve,
Quant le savra ne me chaut,
Tant m'en est la mort plus sentue
Kar amur en mey ne faut,
De tut l'el coment k'il aut.
Ore dirai parole breve:
Ki trop enprent mal escheve;
Fol apris[e] ren ne vaut.
Si ne me preisse al plus halt
Ne me preisasse une feve,
Mes cis mals le quer me creve;
Ben sai ke frai un fous saut.

---

40 *Corr.* li f.? — 50 *Corr.* Orra. — 55 *Ms.* retercelure. — 62 creit, *ms.* treit. — 63 nun, *ms.* nunt. — 78 *Corr.* Piz levé? — 87 sentue, *corr.* suave?

IX Ore deit ben chescun entendre
Cum amur est cher tresor :
Ki la pert sa joie est mendre,
Kar meuz li vausit estre mort.
Jo sui si mortelement mors
Ke le quer m'estuit [tut] fendre.
Puis k'ele ne voet pité prendre,
Ben crei ke men seit le tort,
Valer ne me poet nul jur,
Puis ke mort me voet esteyndre,
Mès a Deu voil l'alme rendre
E a ma dame mun cors.

8. La Petite Philosophie.— Ce poème, qui est un abrégé de cosmographie et de géographie, a été rencontré jusqu'ici dans quatre mss., sans compter celui que je décris actuellement :

CAMBRIDGE, Univ. lib. Gg. 6.28.
— S. John's I.11 ; voy. *Romania*, VIII, 336.
OXFORD, Douce 210 ; fragment ; voy. *Bulletin de la Soc. des anciens textes*, 1880, p. 52.
ROME, Vatican, Chr. 1659, voy. *Chardry's Josaphaz, hgg. von* J. Koch (1879), p. IX.

J'ai déjà fait connaître par des extraits les mss. du collège Saint-Jean[1] et d'Oxford[2], je transcrirai actuellement quelques passages des deux mss. de l'Université de Cambridge. Mais tout d'abord, aux renseignements que j'ai eu précédemment l'occasion de fournir sur cet ouvrage, j'ajouterai l'indication du texte latin d'après lequel il a été rédigé.

Le titre du poème, la *Petite Philosophie*[3], fait tout d'abord penser au traité de Guillaume de Conches intitulé parfois *Philosophia minor*, qui a été mis sous le nom de Bède et d'Honorius d'Autun[4]. Toutefois les différences entre les deux ouvrages sont beaucoup trop grandes pour qu'on puisse les rattacher l'un à l'autre. L'original de notre poème est, selon toute probabilité, l'*Imago mundi* d'Honorius d'Autun. L'accord des deux textes est frappant, comme on en pourra juger en comparant les morceaux latins et français rapportés ci-après. On remarquera cependant qu'il n'y a rien dans le latin qui corresponde aux 119 premiers vers du ms. DD. 10.31. Ces vers forment un prologue que l'auteur du poème a dû tirer de son propre fonds, à moins qu'il ait eu de l'*Imago mundi* une rédaction autre que celle qui est éditée. Il paraît du reste avoir traité avec une assez grande

1. *Romania*, VIII, 336.
2. *Bulletin de la Société des anciens textes*, 1880, p. 52.
3. C'est le titre que donne le ms. de Saint John; cf. ci-après, v. 113.
4. Parmi les *spuria* de Bede, Migne, *Patrol. lat.*, XC, 1127 ; parmi les œuvres d'Honorius d'Autun, *ibid.*. CLXXII, 39. Pour l'attribution à Guillaume de Conches, voir l'article de M. Hauréau sur cet auteur dans la *Nouvelle biographie générale*.

liberté son original, introduisant parfois des développements dont le latin fournit à peine le point de départ.

Voici le début de l'*Imago mundi* et celui du poème :

Mundus dicitur quasi undique motus ; est enim in perpetuo motu. Hujus figura est in modum pilæ rotunda, sed, instar ovi, elementis distincta. Ovum quippe exterius testa undique ambitur, testæ albumen, albumini vitellum, vitello gutta pinguedinis includitur. Sic mundus undique cœlo, ut testa, circumdatur, cœlo vero purus æther ut album, ætheri turbidus aer ut vitellum, aeri terra ut pinguedinis gutta, includitur (*Cf. DD.* 10.31, *vv.* 120-136).

Creatio mundi quinque modis scribitur : uno quo ante tempora sæcularia immensitas mundi in mente divina concipitur, quæ conceptio archetypus mundus dicitur, ut scribitur : *Quod est factum in ipso vita erat*[1]. Secundo cum ad exemplar archetypi hic sensibilis mundus in materia creatur, sicut legitur : *Qui manet in æternum creavit omnia insimul*[2]. Tertio, cum per species et formas sex diebus hic mundus formatur, sicut scribitur : *Sex diebus fecit Dominus opera sua bona valde*[3]. Quarto, cum unum ab alio, utpote homo ab homine, pecus a pecude, arbor ab arbore, unumquodque de semine sui generis nascitur, sicut dicitur : *Pater meus usquemodo operatur*[4]. Quinto, cum adhuc mundus innovabitur, sicut scribitur : *Ecce nova facio omnia*[5] (*DD*, *vv.* 138-157).

Elementa dicuntur, quasi *hyle*, ligamenta : ὕλη autem est materia ex quibus constant omnia, scilicet ignis, aer, aqua, terra, quæ in modum circuli in se revolvuntur, dum ignis in aerem, aer in aquam, aqua in terram convertitur, rursus terra in aquam, aqua in aerem, aer in ignem commutatur (*DD*, *vv.* 158 *et suiv.*).

Ky vout saver del mapemund, (*f.* 6*c*)
La forme de trestut le mund,
De terres e de regiuns
E de citez les propre nuns,
Ki les fist e edefia
E primes nuns lur dona,
E des ewes ke portent navie,
Jeo en dirraie grant partie
Si cum jeo ai en escrit truvé,
Dunt jeo ai asez auctorité.
Seint Luck li evangeliste dit
En le ewangeile k'il escrit
Ke Augustus Cesar l'empereer
En ki tens Jud né li Sauver
Conmanda par sun conmandement
A tuz le mund conmunement

1. Jo. I, 3-4, citation formée de deux membres de phrase réunis à tort.
2. Eccli. XVIII, 1.
3. Cf. Gen. I, 31.
4. Jo. V, 17.
5. Apoc. XXI, 5.

Les vers 1-36 *ne se trouvent qu'ici.*— 3-4 *Ces deux vers sont à peu près littéralement reproduits un peu plus bas* (15-6).

Ke tuit lui feïssent asaver
E les escriz a lui enveer
De teres e de regiuns
E des hiles les propre nuns,
E la manere de la gent
E des bestes ensement,
E ke ren ne lui duissent celer
Ke digne fut a remembrer,
E quel servise chescun deveit
A Rome ke lur chef esteit.
Ceo fit il par le conseil
De un sage ke fud feel,
Ke Cyrinus aveit a nun,
Esveske de Syre, sages hom.
Rome fud chef de tut le munde (*d*)
Si cum le livre nus respund,
En tutes teres, est ben seü,
A Rome rendirent treü.
Quant cest ban fud criez
E par escriz par tut enveez,
Tut issi e en teu manere
Cum out conmandé l'emperere
Par teres e par regiuns
A Rome aürent lur respuns.
Li sages ke jadis est[ei]ent
De grant saver se entremett[ei]ent
E mult estreitemeut enquistrent
Les choses ke puis en escriz mis-
[trent
Chescun mustra sa sente[n]ce
Solum la sue sapience;
En plusurs lius deviserent
Lur escriz e tuz asemblerent,
E lur sentence ordinerent
E les dotances tut offerent
E la verité confermerent,
Kar en tuz point la esproverent
E cum chose prové l'acerterent,
E ces escriz puis longement co-
[nurent
Dunt plusurs puis garni furent
De bone et de male aventure,
Ke tut diseit lur escripture.
Par tut le mund apris aveint
Les aventures k'il les saveint; [20]
Kar Deu meimes en acune gise
Mustre al mund ceo k'il divise
[(f. 7)
Par avanture e par feiture
K'il fet e tret en sa mesure;
E il en urent garde prise,
Pur ço sav[ei]ent la devise.
Le mund trestut mesurerent,
Tere, ewe e fu numbrerent;
Les qualités de tuz sarcherent
Dunt la force de tuz troverent,
E la esprové[e] troveüre
Mistrent en sage escripture

---

28 *Corr.* despund. — 43-4 *Il manque, ici comme dans S. John's, un vers qu'on trouvera ci-dessous dans Cg.* 6. 28. — 46 *Corr.* osterent, voy. *ci-dessous.* — 55 *Les chiffres à droite se réfèrent au ms. de S. John's* (Romania, VIII, 337). — 66 *Ms.* e la prespone *le premier* r *étant pointé.*

Ms. Cg. 6. 28. — Li sage jens jadis esteynt. De grant saver s'entremeteyent. E mult estreitement enquisterent. (40) Les choses dount il plus escritrent. E chescun mustra sa sentence. Solum la sue sapience. En plusurs maneres diviserent. De si ke li sages ke pruz erent. (44) Lur escrire touz ensemblerent. E lur sertences ordinerent. Les dutances tutes osterent. E la verrur confermerent. (48) Car en touz poynz les proverent. Pur chose prové la cercherent. Ces escrire puis lunges corurent. Dunt plus avant garni furent. (52) De bone e de male aventure. Kar tut dyseit lur escripture. Par tut le mund apris aveint. Les aventures ke il saveient. (56) Kar Deu memes en acune guise. Mustre au mund ceo que il devise. Par avenir de faiture. Que faut e crest en sa mesure. (60) Il en unt grant garde prise. Pur ceo en surent la devise. Le mund trestut mesurerent. Tere ewe feu aer anumbrerent. (64) Les qualités de touz cercherent. Dunt la orce de touz troverent. E la esprovee troveüre. Mistrent en sage lettrure.

Pur ceus garrir ke pus vendreint
E le sen esprendre voleint.
Mès nul ne set ke seit en ceo [contemple
A lur sen gueres ne se entempre;
Nul ne purveit mal aventure
Pur ren ke Deus avant figure,
Dunc ceo est mult grant folie,
E la gent trestut devie
Par pleidurs e par legistres [41]
Ke sunt Antecrist ministres,
Si purvertent tute dreiture,
Pur terriene pouture;
Nul ne dute la Deu manace,
Mès la gent sunt cum fu sur glace;
Ne ne gardent la creature,
Pur tant del Creatur n'unt cure.
Pur ceo faz [en] ceste escripture
De tut le mund la purtreiture,
Cument la tere seit entere
E des ewes tute la manere, (*b*)
Del eyr e del ether ensement
E la force del firmentent,
D'enfer, de ciel et des planetes,
De la lune, del solail e conmetes,
Des doze signes e de lur curs,
Pur kei sunt long e curz les jurs,
Dunt le vent veint e dunt toneire,
Dunt foudre, dunt fu, dunt es- [cleire,
Dunt gresil e nuile e brisile,
Dunt pluie e aubegele, [62]
Dunt le fu vient ke hom chaïr veit,
Ke hom quide ke esteile seit,
E dunt veint la blanche veie
Parmi le ciel ke se despl[e]ie.
Ki ces choses veut entendre
Mult purra grant ben aprendre
E saver en tutes maneres,
Ki mult est sages li Creeres
E k'il est puissant par nature,
E ke sa volunté partut dure,
E ke tut ke lui seit a volenté,
Tut vendra par sa poesté;
E ki defaut de sun servise
Mult deit duter sa justise.
Nun done al livre ki l'endite
Philosofie la petite.
Ki veut plus oïr par requeste
Le frut li dirai de la geste. [80]
Ki veut del mund oyr le ymage
E la leiture en sun estage, (*c*)
Escut a mai o bon curage,
E jeo le frai certein e sage.
Le mund est ront cum polete,
Nent estable, mès est an moete;
Unkes ne fud ne ja n'ert estable,
Mès tut dit novele e remuable;
Par le elemenz est destinctez
Cum par un uf veer purrez:
L'aubun dehors enclot l'eschale,
E l'aubun li moauz cum en male.
Li moauz enclot une gute
Ke de gresse enfurme tute.
Tut ausi est le ciel cum le scale,
Le ether cum aubun en male,
Le ether cum aubun sur muel.
Le espès eyr envirun mult bel.
Li moauz enclot la grase gote,
E l'eir partient la terre tute.

---

89 *Corr.* firmament. — 95 *Ms.* fendre — 105 Ki, *corr.* Ke. *Cette faute et l'inverse sont fréquentes en anglo-normand* — 127 *Ms.* moanz. — 129 *Corr.* est formée.

(*fol.* 16) Pur cels garnir que puis vendreient.. E lur sen aprendre vodroient. Mès nul que seit en ceste tempre. A lur sen guers s'atempre. (72) Nul ne purveit mal aventure. Pur ren que Deu avant figure. Dunt terre est mut afeblie. E la gent tantost devie. (76) Par les pledours par les legistres. Qui touz sunt Antecrist ministres. Cil pervertent tute dreyture. Pur terriene pureture. (80) Nul ne dute la Deu manaie. Dunt la gent sunt cum feu sur gelaie. Ne nul agarde la creature. Par taunt del Creatur n'unt cure. (84) Pur ceo faz en cete escripture. De tout le mund la purtreture. Coment la mer set en tere. De ewes totes la manere. (88) De l'ayer del ethre ensement...

136 Si aver poiet ke sen ad parfund
Ke le ciel enclottut le mund; [100]
De ceo mund le creaciun
Fet en .v. maneres le trovum :
140 L'un (est) fu einz ke nule ren fut,
Ke Deus en sun penser conceust
Devent tut le secle purtrere,
Coment il vout tut le mund fere;
144 Cist est *architipus* dit,
De Deu le prince ke tut purvist;
Prince est dit *arcos* en gregeis,
Tipus est figure en franceis ; (*d*)
148 Dunt ceo nun de ceo noma
Ke Deu memes le figura.
L'autre est quant Deus par cest [esample
Ceo mund furma veable e ample,
152 E trest en forme e en matire
Quanke purvist son sage enpire.
Dunt l'escrit dist : « Cil ki fin n'a
Ensemble tute ren crea »,
156 Ensemble par voil debonere
E par aparisante mateire. [120]
Le terz fud quant Deu tut forma
E par sis jurs tut ordina,
160 Dunt l'escrit dit : « En sis jurnées
Fist Deu tute bones crieres. »
La quarte manere Deu mustra
Quant une chose de autre crea,
164 Ausi cum encore fet
Quant il home de autre tret,
Beste de beste fest venir,
Arbres e herbe reverdir ;
168 N'est chose solum sa semence
Ke Deu le mund ne recomence,
Dunt l'escrit dit : « Mi pere [leovre. »
Encore ses bontés pas ne covre.
172 La quinte manere est dit en veire,
Quant Deu vout le mund refeire,
E tut oster de pulenterie
E revestir de novelerie ; [138]
176 Dunt le prophete dist verrai :
« Tutes choses renovelerai. » (*f*. 8)

Ore escutez (e) des elemenz,
Ceo est des yles les leemenz.
180 Tant dit *yle* cum matere
Dunt tute ren pernent afere.
Yle est matere divine
184 Dunt tute rens pernent orine.
Ces elemenz quatre sunt
Pur kei tut rens estunt :
Ceo est feu, eyr, ewe e tere,
188 Dunt jescun de altre a [a]fere,
Par icele concordance
Ke nul n'est a l'autre grevance ;
Kar, si cum cercle returné,
192 Ensement turnent e sanz mellé :
Le fu en l'eyr si se turne,
Li eyr en l'ewe bien sojorne, [156]
L'ewe en la terre cuille e plie...

Le ms. DD. 10, 31 est incomplet de la fin, les derniers feuillets ayant étéenlevés. Il manque environ 370 vers au poème de la *Petite Philosophie*. Voici les vers qui terminent ce ms. Je les fais précéder du texte latin correspondant, qui forme la fin du livre I de l'ouvrage (Migne, col. 146) :

Lactea zona ideo candida est quia omnes stellæ fundunt in eam sua lumina (*DD.* vv. 23-30).

Cometæ sunt stellæ flammis crinitæ, in lactea zona versus Aquilonem appa-

136 *Corr.* Saver. — 142 *Corr.* Devant. — 148 *Corr.* c. munt. — 161 *Corr.* criées. — 179 *Corr.* de yle.

rentes, regni mutationem aut pestilentiam aut bella vel ventos, æstus vel siccitatem portendentes. Cernuntur autem septem diebus, si diutius octoginta (*DD. vv.* 31-39).

Sidera fabulosis involuta, imo polluta perlustravimus. Altius scandentes astra matutina, solemque solis inspiciamus.

Super firmamentum sunt aquæ instar nebulæ suspensæ, quæ cœlum in circuitu ambire dicuntur, unde et aqueum cœlum dicitur (*DD. vv.* 41-46).

Super quod est spirituale cœlum, hominibus incognitum, ubi est habitatio angelorum per novem ordines dispositorum. In hoc est paradisus paradisorum, in quo recipiuntur animæ sanctorum, hoc est in cœlum quod in principio legitur cum terra creatum (*DD. vv.* 47-54).

Huic longe supereminere dicitur cœlum cœlorum in quo habitat rex angelorum (*DD. vv.* 55 *et suiv.*).

Je donne en note les principales variantes du ms. Gg. 6. 28.

Autre esteiles sunt plusurs
Dunt home ne set lur nun ne lur curs,
Ne lur nuns ne lur poetez;
Mès jeo me retrès tut de gré,
Kar cel commençail est fol e gref
. . . .
Ne n'est merwaylle si en a nun turt (*f.* 24)
Chose dunt sen [ne] pru ne curt:
E quel pru est de dire la ren
Ou home ne put aprendre ben?
Ki ben elst sanz ben aprendre,
O le ane deit harpe aprendre.
Ben dire sanz ben mustrer
Fet le musard plus musarder;
Dunt li sage sun fiz chastie;
« Gardez ke ne meprenez mie
« De pincer (*sic*) les Deus secrez,
« Kei ke seit le ciel esteilez. »
Sovent cil ki tut vut saver
Tut pert quant veit sun nun poer.
Lessum a Deu ses privitez;
Quant li plet il nus mustre assez.
Fallaz est une zone
Ke tant est clere blanche e bone,
E très parmi le cel s'en vad.
Icel nun cum duz let ad;
Blanc e gai est duz let
Dunt cel[e] zon[e] sur. nun tret.
Les esteiles la clarté funt
Ke ele a chescune respunt.
En ceste zone par fiez
Ver le north parent cometes leez,
Unes esteiles mut cremues
E o mult flambestes kernues:
Change de prince signefient
Ou pestilence e guere dient,
Ou grant vent ou grant flote de mer, (*b*)
Kar n'i est ki en set penser.
Set jor parent ou vint e .v. plus;

---

6 *Voici, d'après Gg.* 6. 28, *ce vers qui manque dans DD :* Ke hom ne poet trere a bon chef. *Dans le même ms. les vers* 7 *à* 22 *manquent.* — 11 *Les deux premières lettres de* apendre *paraissent grattées à dessein, pour laisser* rendre.

15 *Cf. Denis Caton :*

Mitte arcana Dei cœlumque inquirere quid sit,
Cum sis mortalis, quæ sunt mortalia cura.

23 *Corr.* Gallax; *Gg* Gallaris. — 27-30 *Manquent dans Gg.* — 34 *Gg* E flaunchisanment kernues.

De nus garnir est Deu gelus.
Amunt en cel grant firmement,
Le livre dist ke ren ne ment,
Sus les nues suntewes suspendues
Ausi cum mule en ses nwies,
Ke suz le cel turnent envirun :
Icel cel ewin ad nun.
Sutr (*sic*) celi est le cel esperital
Ke n'est conu de home mortal;
Les angels sunt en lui menant,
Ke tut dis unt joie grant.
La sunt les almes des senz
Ke en Deu servise ne furent feinz.
Icel cel fu primes creé
E o la terre purtreté,
Icel cel ben de la
En un grant cel ki fin nen a.
Il est nomé li cel de cels,
La meint li reis des angels Deus;
La meint le rei tut puissant,
Lui nel teint, si est tut tenant;
Tut fet, tut veit, tut governe,
E li ne rent e li ne terne.
Il est partut puissanment,
En nuli nel tent 'nel comprent.
Par tut est en mi liu nel tent,
E de lui tut bens nus vent;
Dunt l'Escripture nus dist
Ke parole par seint Esperit
Ke il est plus haut kel cel lamunt
E ke n'est abime plus parfund,
Plus est long ke la mer ne estent
E plus est lé ke la terre ne tent,
Ke tut veit et tut put e tut out
E tut le munde en sa main clot.
Tut est al mund, tut est dehors,
Mès ne li comprent ne li ne cors·
Il est desuz trestut puissant,
Il est desuz trestut sustenant,
Il est dedenz pur tut sustenir,
Il est dehors pur tut garnir;
Il n'est pas confus dehors
Ne compain en mundaine cors;
Il n'est grevé pur sustenir
Ne equis par sun emplir;
Il n'est ahaucé pur sun munter
Ne abessé par sun avaler;
Ja n'ert plus halt ne plus bas,
Mès tut dis ert en novel cas.
Sanz labur est governor
E sanz travail est overor.
Tut fet, tut veit, tut adorne
E en pès est quant tut aturne;
Quan ke fu est e serra
Tud ad fet e tut defra;
Quank'est el mund n'est vers lui [pussant,
Plus ke une gote en un reim [pendant. (*d*)
Kei quident dunc li faucener?
K'en ert quant il se vout venger?
Cum ert l'alme dunc [en] anguisse,
Quant tute creature le cuse,
Ke tut ren l'en cusera
Ke a pechez einz lui eyda?
L'escrit dist ke tut le mund tendra
O Deu e combatera,
Cuntre les pecheurs e les faus
Ke Deu gueriferent pur lur [maus.

---

46 ewyn *dans Gg, cf. le latin cité ci-dessus.* — 55 *Gg* Outre celi bien de la; *corr.* Outre celui cel b. — 62 *Gg* E lui ne tient ne liu ne terme. — 65-6 *Gg* Par tut est tut e liu nel tient. Riens en luy tien et il tut tient. — 76 *Gg* M. ne c. ne lui ne. *Le même ms. ajoute* : Tut el el (*sic*) mound tout est desous. Tut a delez tout a dejous. — 79 *Gg* t. tenir. — 80 *Gg* garir. — *Le même ms. ajoute :* Par ces costez trestut contyent. E par environn tut meytient. — 82 *Gg* Ne conpris. — 84 *Gg* Ne enquis p. soen haut empir. — 88 *Gg* en ouel, *naturellement.* — 89 *Gg* S. travailer. — 99 *Gg* E s. grevance. — 97 *Gg* li sorcener. — 100 *Gg* le encuse. — 101 *Gg* le aunira. — 106 *Gg* Que ly gerpirent.

La terre ferement l'encusera
Ke la vitaille li trova,
E les richesses ensement
K'il despendi folement;
La mer e les ewes ensement
Les e[n]cuserent ferement,
K'il but e sa seif estancha
E des ordures se lava,
E l'eyr par unt il espira
El fu dunt il se eschaufa
E le solail ke le aluma,
E la nut ke sun mal cela,
Trestuz mustrent sa vie fole,
Kar tute ren ad Deu parole.
Le cheytif pecheur ke fra
Quant tut le mund l'encusera?
Quant li mund li mut bataille
Ke fra dunke une ventaille?
Certes, nent est home pur verité,
Kar il anentist par sun peché.

Nent est [1]

DD. 12. 23. — LA MANIERE DE LANGAGE.

Parchemin, 87 ff., hauteur 0m 162, largeur 0m 122; commencement du XVe siècle. Le ms., incomplet du début, commence par un traité des conjugaisons françaises qui se retrouve ailleurs, par ex. dans le ms. GG. 6. 44 de la même bibliothèque, ff. 19-28. Ce traité ne peut fournir aucune information de quelque valeur sur l'histoire de la conjugaison française : il peut seulement servir à montrer combien grande était la corruption du français usuel en Angleterre au XIVe siècle. Ce n'est plus du français, c'est du *law french*. M. Stürtzinger a indiqué sommairement le contenu de ce petit traité dans sa récente publication intitulée *Orthographia gallica* (Heilbronn, 1884) [2], p. vij. Viennent ensuite différents opuscules concernant presque tous la procédure, pour lesquels je me borne à renvoyer au catalogue imprimé et à M. Stürzinger, p. xiv, et enfin la *manière de langage*. Ce manuel de la conversation française, le plus ancien sans doute qui existe, est certainement le plus curieux entre les ouvrages passablement nombreux qui ont été composés en Angleterre pour faciliter l'*apprise* du français. Il est édité, depuis 1873, dans les numéros de la *Revue* critique qui furent publiés pour compléter le second semestre de l'année 1870, laissé interrompu au moment de la guerre [3]. Pour cette édition je me servis uniquement du ms. 3988 du fonds Harléien du Musée britannique. Je connaissais dès lors une autre copie du même ouvrage, celle que renferme le ms. 182 d'All Souls à Oxford,

113-4 *Gg* Dont pecheur vuys si s'en leva. E pur plus pecher se acena. — 119 Tretuz dirunt la fu fole. — 124 *Gg* une toile. — 126 *Corr.* anentist; *Gg* Quant avient nient p.

1. C'est la réclame qui termine le cahier.
2. Voy. *Romania*, XIV, 60.
3. Tiré à part sous ce titre *La manière de langage qui enseign. à parler et à écrire le français*. Paris, libr. Franck, in-8o. — Voy. *Romania*, II, 368.

(ff. 305 et suiv.), depuis longtemps décrit par Coxe dans son catalogue des mss. des Collèges d'Oxford, et que j'avais moi-même étudiée dès 1870. Par une singulière inadvertance, tout en citant ce ms. pour d'autres textes qu'il renferme, j'oubliai de dire qu'il contenait aussi la *manière de langage*. Il est du reste postérieur au ms. Harléien, et, appartenant à la même famille, n'offre guère de variantes utiles.

A ces deux mss. il faut ajouter le ms. DD.12.23 de l'Université de Cambridge, déjà signalé par M. Stürtzinger, *Orthogr. gallica*, p. xij, un fragment (le commencement) conservé dans le ms. du Musée Britannique Add. 17716, également indiqué *Orthogr. gallica* (p. xiij), et enfin une cinquième copie jusqu'à présent non citée, à ma connaissance du moins, que renferme le ms. 8188 de la bibliothèque Phillipps[1]. Ces trois derniers textes me paraissent appartenir à une même famille, nettement distincte de celle où prennent place le Harl. 3988 et le ms. d'All Souls.

(*Fol.* 67 v°). Ici a nostre commencement de cesti tretis nous dirrons ainsi: En non de Pier e Filz e sent Espirit, amen. En non de la glorius Trinité trois persuns e un soul Dieu omnipotent creour de mound qu'est e a esté e sanz fin regnera, de qui vient toute grace, sapience et virtu, faiceons priere a luy devotement que luy plese, de sa graunde mercy e grace, toutz qui cest livre regarderont ou en rememorunt, ensy abuverer[2] e enluminer de le rosee de sa haute sapience qu'ils purront avoire souveraigne grace e sen naturel d'apprendre e parlere, bien sonere e parfitement escriere douce francès, qu'est la plus beale e la plus gracious langage e la plus noble parlere, après latyn de scole, que soit en monde, et de toutz genz melx preysé e amee que nulle autre; quare Dieux le fist si douce e amyable princypalement en l'onore e loenge de lui mesmez. Et pur ce que homme est le plus noble e le plus digne creature que soit en ciele e que Dieux a ordigné d'estre soveraigne e maister dez toutz autrez creaturs e choses que sont desoubz luy, je commencerai a declarer e pleinement determinere de lui e de lez membres de son corps.

Fin (fol. 87 — cf. édit. p. 403).

Guilliam tesez vous e do.....[3]; mèz primerement nous dirrons *de profundis* en l'onour de Dieu et de [nostre] Dame, e pur les anmes des trespassez qui la mercy de Dieu atendent en paynes de purgatorie, qu'ils purront le plus tost estre relevez de lour payns a cause nos priers, e venir a la joye pardurable, laquele joie Dieux qui maint en haut paradys e nous rachata de son precious sanc, pur sa grant mercy e piteous[4] ottroit en le fine s'il lui pleest. Amen.

Ici le fine le commune parlance meliour en tout le Ffrance.

---

1. Ms. renfermant le traité de Gautier de Biblesworth; voy. *Romania*, XIII, 501.
2. On lirait plutôt *abunerer*; il y a en interligne *to be fulfillid*.
3. Déchirure dans le ms.; lire *do[rmez]*?
4. Corr. *pité nous*.

EE. 2.17. — GILLES DE ROME, TRADUIT PAR HENRI DE GAUCHI. — VEGECE, TRADUIT PAR JEAN DE VIGNAI.

Ce manuscrit, relié avec les nos EE. 2.15 et EE. 2.16, est un fragment, dont les feuillets mesurent 0 m 280 sur 0 m 210. Il est en papier, sauf la feuille extérieure et la feuille centrale de chaque cahier, qui sont en parchemin. Les cahiers sont de six feuilles. Au bas des feuillets 5 à 7 de la numérotation actuelle, on lit les cotes *g iiij, g v, g vj*, ce qui permet d'évaluer exactement le nombre des feuillets manquant, à supposer que tous les cahiers aient été de six feuilles, soit 36 feuillets. Au bas du fol. 2 on lit, en capitales du XVIe siècle, STRANGWAYS, et au bas du fol. 3 « Guillaume Le Neve, York, 1632 ». Au XVe siècle le même ms. avait fait partie de la célèbre librairie du duc Humfrey de Gloucester [1], car à la dernière page on lit cet ex-libris autographe : « Cest livre est a moy « Homfrey duc de Gloucestre, du don mess. Robert Roos, chevalier, mon « cousin [2]. » Le duc de Gloucester étant mort comme on sait en 1447, le ms. sur lequel se trouve son autographe ne peut être de la seconde moitié du XVe siècle comme le suppose le catalogue imprimé. Il est de la première moitié de ce siècle.

1. — GILLES DE ROME, du gouvernement des rois et des princes traduit par HENRI DE GAUCHI. — On possède d'assez nombreux mss. de cette version du traité que Gilles de Rome dédia à Philippe le Bel

1. Il ne figure pas dans la liste des livres donnés à l'Universié d'Oxford par le duc de Gloucester. Cette liste, qui est publiée dans les *Munimenta academica* d'Oxford, pp. 758 et suiv. (Collection du Maître des Roles), ne renferme que des livres latins.

2. Telle est la formule que le duc de Gloucester inscrivait habituellement sur ses livres, ayant soin d'indiquer leur provenance. On a déjà signalé en diverses bibliothèques un assez bon nombre de mss. portant cet *ex libris* autographe ; voy. pour les collections conservées en Angleterre, H. Ellis, *Letters of eminent literary men* (Camden Society), pp. 357-9 ; Macray, *Annals of the Bodleian library*, pp. 8-9 ; Fr. Madden, édition de l'*Historia minor* de Mathieu de Paris, I, XXXIX ; enfin, pour la France, le *Cabinet des mss.*, I, 52, note 8, où M. Delisle a signalé pour la première fois six volumes ayant appartenu au duc. Voici une liste provisoire des livres jusqu'ici reconnus :

CAMBRIDGE, Bibl. de l'Univ. EE. 2. 17
— Saint John's H. 5 (?)
LONDRES, Musée brit., Cott. Nero E. V.
— — Roy. 5. F. II.
— — — 14. C. VII.
— — — 16. G. VI.
— — Harl. 988.
— — — 1705 (= Bernard, II, 212, no 6858).
— — Sloane 248.
— — Egerton 617-8.

avant son avènement au trône[1]. L'exemplaire de Cambridge n'a plus que ses deux derniers feuillets : il commence dans le cours du chap. XXI, La rubrique du chapitre XXII est ainsi conçue :

Ce .xxij°. cap. ensegne quant l'en doit fere les nefs et les galiez de mer, et comment l'en se doibt combatre en eaue ou en mer, et ensengne ce capitre as quelles choses toutz les batailles doibvent estre ordonnés.

L'ouvrage se termine au recto du feuillet suivant : Cy fine le livre du « gouvernement des roys et dez princes que frere Gilles de Romme, de « l'ordre saint Augustin, a fait. »

2. — Végèce, traduit par Jean de Vignai. — Cette version n'était pas inconnue : elle se trouve dans le ms. 1229 du fonds français de la Bibliothèque nationale, mais elle y est anonyme, et nulle part je ne vois mentionné Jean de Vignai, qui a tant traduit, comme traducteur de Végèce. Le ms. de Cambridge a donc, pour notre histoire littéraire, une valeur particulière.

(Fol. 3) *C'est le livre de Vegece, de Chevalerie, translaté de latin en franchois.*

Ci commence le livre de Vegece de chevalerie, translaté de latin en franchois par maistre Jehan de Vignay, de l'ordre de Haultpas, lequel livre contient .iiij. livres complès. Le premier livre monstre et ensengne de l'ancien temps, qui dit ainsi que a nul n'afiert mielx a sçavoir pluseurs choses que aulx princes...

Le prologue du translateur.

Tout aussi comme dit Segons le philosophe...

EE. 3. 52. — Premier volume de la bible française du XIIIe siècle.

Ce ms., qui appartient au XIVe siècle, a été fort bien décrit par M. Samuel Berger dans son livre *La Bible française au moyen âge*,

---

Oxford,	Bodleienne,	auct. F infra i. 1.
—	—	— F. ii. 23
—	—	— F. v. 27.
—	Oriel	32.
Paris,	Bibl. nat.	lat. 7805.
—	—	— 8537.
—	—	fr. 2.
—	—	— 12421.
—	—	— 12583.
—	Sainte Geneviève	fr. I. 1.

1. Bibl. nat. fr. 213, 573, 581, 1201, 1202, 1203, etc. ; Troyes 898 ; Lambeth n° 266 (fort bel exemplaire avec miniature de présentation, auquel il manque à la fin un ou deux feuillets) ; Ashburnhamplace, Barrois 22 ; Libri 125 (maintenant à la Laurentienne), etc.

pp. 407-8. Si je le fais figurer ici, c'est pour avoir l'occasion d'en citer quelques lignes, ce que n'a pas fait M. Berger, et ce qui n'est pas superflu, puisqu'il s'agit, comme on va le voir, d'un texte assez rare. M. Berger suppose avec vraisemblance que ce volume a été exécuté en Angleterre, « quoiqu'on ne trouve dans le texte », ajoute-t-il, « aucune forme anglaise ». Cette dernière assertion n'est peut-être pas tout à fait exacte. La langue est bien le français de l'Ile-de-France, mais cependant des formes telles que *euvangelie*, *pur* (pour), *fuiz* (= *fiuz*, filius) se trouveraient difficilement au XIVe siècle sous la plume d'un copiste français. Disons que c'est la copie très soignée faite par un Anglais d'un texte français du continent. L'exactitude n'est cependant pas complète; notre copiste ne comprenait pas toujours ce qu'il copiait, d'où un assez bon nombre de fautes de lecture : je citerai notamment à la fin du livre de Job (voir ci-après) *coutiuanz*, qui n'a aucun sens, au lieu de *tourmanz*.

Ce volume fut légué aux chanoinesses de Flixton (Suffolk) en 1442, comme l'atteste une note contemporaine écrite sur un feuillet de garde et publiée d'abord dans le catalogue (I, 89) puis par M. Berger (p. 408). Dans cette note l'ouvrage est décrit comme étant un « Vetus Testamentum in duobus voluminibus gallici ydyomatis ». Il est à croire cependant que ces deux volumes contenaient aussi le Nouveau Testament, car en 1697 l'inventaire des mss. de J. Moore (Bernard, *Catalogi*, II, 363, n° 9235-49) indique deux volumes dont le second est ainsi décrit : « Eorumdem (*Bibliorum*) pars posterior usque ad Apocalypsin inclusive. » Quoi qu'il en soit, le premier volume seul subsiste actuellement, ou du moins le second, s'il existe encore, n'a pas été identifié.

La version que nous offre le ms. de Cambridge est celle que M. Berger pense avoir été faite à Paris sous saint Louis. Elle occupait ordinairement deux volumes dont le second, commençant au Psautier, a été introduit à peu près textuellement dans la Bible Historiale de Guyart Desmoulins[1]. Du tome I, qui n'a pas eu la même fortune, et qui fut bientôt remplacé, dans l'usage ordinaire, par d'autres versions, il ne reste que peu d'exemplaires. M. Berger cite les mss. 6 et 899 du fonds français à la Bibliothèque nationale, le ms. 5056 de l'Arsenal et un ms., brûlé en 1870, de Strasbourg. Il faut ajouter à cette liste un magnifique exemplaire, complet en un volume, qui faisait naguère partie de la Bibliothèque Didot[2]. Le plus ancien de tous ces mss. est le n° 899 qui est malheureusement mutilé, les feuillets qui contenaient des miniatures ayant été arrachés ou coupés.

---

1. Voy. pp. 187 et suiv. de l'ouvrage de M. Berger.
2. Vente 1879, n° 3. C'est un ms. du XVe siècle orné de belles peintures dont deux sont gravées dans l'édition de luxe du catalogue.

Le ms. de Cambridge renferme le Pentateuque, Josué (fol. 162), les Juges (fol. 196), Ruth (fol. 221), les Rois (fol. 224), les Paralipomènes (fol. 307), Esdras (fol. 348), Nehémie (fol. 363), Tobie (fol. 372), Judith (fol. 377), Esther (fol. 386), Job (fol. 375).

Je transcris le début de la Genèse, des Rois et de Job. On pourra comparer, pour le premier et le dernier de ces livres, le texte ci-après avec les passages correspondants rapportés par M. Berger, pp. 121 (Genèse, d'après Arsenal) et 128 (Job, d'après Biblioth. nat. fr. 899).

[GENÈSE.]

Cist livres est apelez Genesis, pur ce qu'il est de la generacion du ciel et de la terre ou comencement, ja soit ce qu'il parole après de plusurs autres choses, aussi come le euvengelie seint Matheu est apelé livres de la generacion Jhesu Crist; et ausi come Moyses dist en ce livre coment li premiers home fu criés de la terre qui iert virge, qui puet engendrer les terriens homs en ceste vie trespassable, autressi le euvangelie saint Matheu mostre ou comencement, coment li secons homs, ce est Jhesu Crist, fu nez de la virge Marie qui les celestiaux homes puet engendrer en vie pardurable...

[ROIS.]

(*Fol. 224 b*) Uns homs fu de la cité de Ramatha qui est ou mont Effraym, qui ot non Helchana, li fuiz Jeroboram le fuiz Cham, le fuiz Subh de Bethleam. Cist homs ot .ij. femes: l'une avoit non Anne et l'autre avoit non Phenanne. Phenanne avoit enfanz, mès Anne n'en avoit nul. Cist homs si aloit de la cité aus jours qui estoient establiz pur orer e pur sacrifier a Dampnedeu en Sylo...

[JOB].

(*Fol. 395 d*) Uns homs estoit en la terre de Hus qui avoit non Job, et cil homs si estoit simples et droituriers et departant soi de mal. Lors li nasquirent .vij. fuiz et .iij. filles qui li estoient nez, ce est a dire que il avoit engendrez, et il ot en possession .vij. milliers et iij. c. des chamieus, .v. c. jous de bues et .v. c. asnesses et molt grant mesniée...

Fin:

Job vesqui après ses coutiuanz[1] .c. et .xl. anz, et vit ses fuiz de ci en la quarte generacion, et morut viellart et plains des jourz.

Explicit.

EE. 3. 59. — VIE DE SAINT EDOUARD.

Ce ms., qui vient de la collection Moore (*Catalogi* de Bernard, II, 362, n° 9222.36) n'est mentionné ici que pour mémoire. L'ouvrage qu'il

1. Bibl. nat. fr. 6 : *cest torment*; fr. 899 *cez tormenz*.

renferme, en vers octosyllabiques, a été publié par M. Luard [1], qui a joint à son édition un fac-similé du fol. 29 r°, grâce auquel on peut se faire une idée parfaitement exacte de la richesse de ce ms., où la partie supérieure de chaque feuillet est occupée par une fort belle miniature qui souvent est divisée en deux compartiments. Des rubriques en vers, tout à fait distinctes du texte, accompagnent ces peintures. C'est exactement la disposition que présentent les feuillets conservés de la vie en vers octosyllabiques de saint Thomas Becket qui s'imprime actuellement pour la Société des anciens textes français.

EE. 4. 26. — LE ROMAN D'YDER.

C'est également pour mémoire que ce ms. est ici mentionné. Il contient un roman de la Table ronde, malheureusement incomplet du commencement, mais néanmoins d'une grande valeur, car c'est une œuvre française, se rattachant à l'école de Chrestien de Troyes, et dont on ne possède pas d'autre copie. Le ms. a été exécuté en Angleterre, à la fin du XIIIe siècle. C'est dire qu'il est assez fautif. L'œuvre et le ms. sont restés ignorés de tous ceux qui ont écrit sur notre histoire littéraire ou qui ont visité les bibliothèques anglaises, jusqu'au moment où il y a une dizaine d'années, j'en fis exécuter une copie qui sera prochainement publiée par la Société des anciens textes français.

EE. 6. 11. — VIE DE SAINTE MARGUERITE. — PURGATOIRE DE SAINT PATRICE. — MARIE DE FRANCE, FABLES.

Ce ms. se compose de deux morceaux distincts reliés ensemble.

1° Cahiers 1 et 2 (feuillets 1 à 15). Vie de sainte Marguerite et Purgatoire. — Le premier cahier (ff. 1 à 8) est complet en huit feuillets, le second n'en a que sept, le huitième, qui était probablement blanc, ayant été coupé. L'écriture paraît être de la seconde moitié du XIIIe siècle; les dimensions du parchemin sont 176 mm sur 120 mm.

2° Cahiers 3 à 5 (22 feuillets). Fables de Marie de France; l'écriture est plus ancienne que celle des deux cahiers précédents; je l'attribuerais à la première moitié du XIIIe siècle. Hauteur des feuillets 176 mm, largeur 132 mm.

---

1. *Lives of Edward the Confessor* 1858 (Collection du Maître des Roles).

Le ms. EE. 6. 11. est depuis une époque fort ancienne dans la Bibliothèque de l'Université, et depuis qu'il y est entré il paraît avoir perdu un assez grand nombre de feuillets. En effet, il est ainsi décrit dans l'*Ecloga* de James (1600), p. 64, n° 181[1]

1. Gallica metra, de Ecclesia et aliis rebus.
2. Æsopi fabulæ metris gallicis.
3. Sermo cujusdam de dandis eleemosynis et contemptu mundi.
4. Cato cum commentario, sermone anglico vel danico potius (ut observat quidam nescio quis).
5. Vita S. Gregorii metris gallicanis scripta.

Il ne semble pas qu'il y ait un rapport bien intime entre cette description et le ms. actuellement coté EE. 6. 11; c'est cependant à ce ms. qu'elle se réfère indubitablement, car la notice du catalogue imprimé par James se lit encore, avec d'insignifiantes variantes, sur le plat intérieur du volume. Les art. 4 et 5 ont été barrés comme étant en déficit: il il eût fallu barrer aussi l'article 3 qui ne peut se rapporter à aucun des trois ouvrages que contient le ms. dans son état présent. L'article 2 est le recueil de Marie de France, l'article 1 paraît répondre à la fois à la vie de sainte Marguerite et au Purgatoire.

Le texte des fables ayant été collationné par M. Ed. Mall pour l'édition qu'il prépare de cet ouvrage, je ne m'en occuperai pas. Quant au Purgatoire de saint Patrice, c'est une version qui ne paraît pas se rencontrer ailleurs et qui était restée inconnue jusqu'au moment où la *Romania* (VI, 154) en a donné le commencement et la fin. Je n'en dirai pas plus sur ce sujet pour le présent, et je me bornerai à transcrire les premiers et les derniers vers de la vie de sainte Marguerite, dont je ne connais pas d'autre exemplaire, et qui est un poème important. Elle se compose de 69 couplets ayant chacun de quatre à neuf vers.

I Puis ke Deus nostre sire de mort resucita, (. 1)
[E] veant ses angeles a son pere monta,
Granz companies de seinz et de sentes y lessat,
E puis pur luy morrurent e yl les corrunat,
Del son celestre regne large pars lur dunat.

II A icel tens diable aveient granz poetez;
Pur seinte Yglise prendre esteient si pensenz (*sic*),
Quant il trove[i]nt nul hom qui seyt cristienez
Si esteit [il] pendu ou ars ou lapideez,

---

1. Notice reproduite dans les *Catalogi* de Bernard, I, 2e partie, 170.

Ou destret de chivaus ou haut el vent croulez;
Mès cil ke n'en chaleit tant en ert honurez
Que en permanable glore [ore] en est corunez.

III Seinurs, des toz les autres vus lerrai a conter,
Fors de une sule virge [dunt] me covent parler:
[Le] son seinur celestre tant pout toz jurs amer,
Onkes pur nul turment que l'em le sout duner
Ne pur nule promesse ne wout de luy torner.
Trayez [vus] ça vers moy; pri vus de l'escoter,
Car vers son chier senniur vus pout ben aïder.

IV Ceste pucele fu mult de haut parentee:
Si pere fu paiens de grant nobilitee;
Theodorus out nun, onkes ne cremout Dé;
Tuz ceus qui creeint en Deu out il en vilté,
Nule rien ne h[a]ait envers cristienté.

Fin (fol. 8) :

LXVII Tut cil qui sunt pris de divers enfermetez,
Mult sunt awogles, desirus de sauntez,
De lui quant parler oient ilec sunt alez:
Dec'il tochent le cor sempres sunt [tut] mundez,
Ne sentent puis nul mal ne nul enfermentez (*sic*).

LXVIII Es kalendes de aüst del siecle treepassat.
Quant l'un en cest siecle de lui memorie frat.
Deu! cum gloriusement sum martire finat!
Dreiz est que od Deu seit, car ben de servir[1] l'ad;
Si est ele sanz dotance, jammès ne partirat.

LXIX Ele deprie Deu qui est sanz mentir
Ke il nus gard de tuz maus e nus doint deservir,
Quant les ames de nus deivent del cors partir,
Quant[2] a sa companie puissuns parvenir
Qui vivit et regnat Deus per omnia secula seculorum. Amen.

EE. 6. 16. — Livre d'heures.

On trouvera dans le catalogue des mss. de l'Université une description suffisante de ce livre d'heures, du XIVe siècle, qui doit avoir été

---

1 Sic, *corr.* deservi. — 2 *Corr.* Que.

exécuté pour un des établissements religieux d'Angleterre qui étaient dans la dépendance de l'abbaye de Fontevraud.

Les ff. 8 et 9 contiennent un hymne à sainte Anne en latin[1] et en français :

Anna sancta Jhesu Christi
Matris mater pertulisti...

Ave duz comencement,
Seinte Anne gloriouse
De la joie saunz finement...

Au fol. 16 est copiée une prière à saint François. Je la trancris tout entière. Quand on fera l'histoire du culte de saint François dans notre pays, il y aura lieu de tenir compte des nombreuses poésies françaises qui ont été composées en l'honneur de celui qui fut pour le XIIIe siècle et le XIVe le saint par excellence[2]. La prière du ms. de Cambridge est en quatrains alexandrins, forme fréquemment employée pour ce genre de poésie ; voir par ex. les prières en quatrains que renferme le ms. 570 de l'Arsenal.

Douz sire seint Franceis que Jhesu tant amastes,
E de sa seinte passiun noit et jour pensastes,
De la peine des plaies tant sovent remembrastes,
Ke en vostre seintisme corps l'enpreinte portastes;

L'amour Jhesu Crist tant vous eschaufa
Et vostre cuer de pité gracious eslu[m]ina
Ke en meins e piés e costé dehors se moustra,
Et lui amant en semblance de ami conforma,

Mult fu la bunté grande de si grant seignour
Que a un povres home moustra si grant amour,
E par especial privilege li fist si grant honour
Ke de la seinte passion li fist son baneour.

Douz sire seint Franceis ki Deu ad si chier,
En la court celestiene estes de grant poer,
Et a vos amis especiaus poés mult aider,
Car vous portez le grant sel : si estez chanceler.

Por cele grace especiale que Jhesu fist a tei
Ke entre les autres seintz, outre comune lei,

1. Une leçon un peu différente est publiée dans Mone, *Lateinische Hymnen*, III, 195.

2. Je citerai la curieuse chanson en laisses assonantes que j'ai publiée dans le *Bulletin de la Société des anciens textes*, 1884, p. 77, et une chanson de saint François à refrain dans le ms. 43 de la Faculté de Médecine de Montpellier.

En signe de sa passion te conforma a sei
Priez le douz Jhesu que il eit merci de mei. *Amen.*

A la fin du livre se trouve une version du *Veni creator* qui se rencontre ailleurs encore; par ex. dans le ms. Digby 86 (notice de M. Stengel, p. 10) :

Saint Esperiz, a nus venez
E nos penseiez visiter...

EE. 6. 30. — Fragment d'un miracle en vers de la Vierge.

Ce fragment sert, ou a servi, de feuillet de garde au ms. à la fin duquel il est relié. C'est un feuillet de parchemin à quatre colonnes, fort rogné du haut, et engagé dans la reliure de façon que le commencement des vers pour la colonne *a*, et la fin pour la colonne *d*, ne sont plus visibles. Je n'en ai pas transcrit tout ce qu'on en peut lire, mais les extraits que je vais en donner suffisent pleinement à montrer qu'il contient une rédaction jusqu'ici inconnue de l'histoire du clerc qui souffrait d'un cancer à la bouche et que la Vierge Marie guérit de son lait. Je présenterai sur ce sujet diverses observations à propos d'une rédaction différente du même miracle que nous trouverons plus loin dans le ms. Gg. 1. 1, article 26. Pour le présent je me borne à remarquer que le morceau qui suit est certainement l'œuvre d'un auteur né en Angleterre. Les rimes *grevus-plus* (3-4), *env[e]é-mené* (6-7), *honurer-poer* (59-60), ne laissent pas de doute à cet égard. Notons aussi quatre rimes consécutives (11-4), ce qui est surtout fréquent en Angleterre.

(*b*)
Proceine est la sue aïe
A chescun ke en lui se afie,
E u li maus est plus grevus,
4 Ilokes piert sa aïe plus ;
Ço piert el clerc, kar visité
Le ad mut tost par sa pité:
Un aungle lui ad env[e]é
8 Ke ad le esperit del cors menee,
U le cors od tut le espirit,
Ne sai de fi ; mès, si co[m] quid,
En plusurs lus l'ad amené
12 E meinte ren li ad mustré;
Mès al derein se sun[t] entré
En un chanp de grand beauté.
Tut li chaunp fluriz estoit,
16 E la duçur ki venoit
E duce herbes e des flurs
Surmunteint tutes savurs.
Un herber lui ad mustré
20 Sun guiur de graunt beauté
Qe sur les autres tuz lui plut :
Vint e treis herbes i out ;
Les vint et deus erent assises
24 Envirun le herber par divises,
E la vintime tierz estoit
Enmi le herber, e cele avoit

17 *Corr.* Des d.

Set mut trés beles flurs.
Tutes de diverse colurs,
Ke plus oleient ducement
Ke espece u unnement.
Les autres vint e deus maneres
Des ces autres herbes cheres
. . . . (*c*)
« Ke il vus plaise a mustrer moi
« Quel lui ço est ke ici voi ;
« De ces herbes e de ces flurs
« Ki sunt taunt cluers (*sic*) colurs
« E taunt fleirent ducement,
« S'il vus plest, apernez m'ent.
« Jo sui, certes, mut desirus
« De cest lui taunt glorius ;
« Volentiers si jo poeie
« A tut tens i remeinderoie.

Dunc respunt senz nul respit
Ducement li aungle e dist :
« Cist beau chaunp taunt aürné
« Paraïs est apelé.
« Tu vendras en haste ici,
« Kar cest beau lui as deservi
« Pur ço que as vesqui seintement
« E as gardé nettement
« Tun cors tut tens de lecherie,
« E la mere Deu Marie
« As servi devoutement,
« E l'as amé parfitement.
« Des herbes que tu veis ici
« Entur cest herber e en mi,
« E des flurs tut tei dirai,
« Ja mot ne tei celerai.
« Quant tu soleies honurer
« Nostre Dame a tun poer,
« Tu solei[e]s chescun jor
« Deus saumes dire en sun [honur :
« Li uns est de *In nomine*,
« Fai me sauf par ta pité
. . . . (*d*)
Pur ço sunt ci ..
Les herbes que sunt ici plaunt...
Dunt vint e deus en ad d...
E tutes freches e nuveles
Chescun chapitle en port...
Chescun herbe ou flurs d...
Vint flurs vit vers sig...
. . . .

FF. 1. 33. — LE SECRET DES SECRETS. — LA LETTRE D'HIPPOCRATE A CÉSAR. — JACQUES LEGRAND, LE LIVRE DES BONNES MŒURS. — JACQUES DE CESSOLES, LE LIVRE DES ECHECS, TRADUIT PAR JEAN DE VIGNAI.

Livre en parchemin, mesurant 0 m 240 sur 0 m 170, daté à la fin de Bourges 1420. Provient du don de 1715 : c'est le n° 154 de l'inventaire des mss. de l'évêque Moore, dans les *Catalogi* de Bernard (II, 365). Antérieurement à son entrée dans la bibliothèque de Moore, je ne sais rien sur l'histoire de ce ms.

1. — Le Secret des Secrets : version très répandue sur laquelle voyez le présent volume de la *Romania*, p. 189.

---

33 *C'est le clerc qui parle.* — 34, 40, 48 lui *et non* liu ; *c'est une forme fréquente dans les textes anglo-normands.* — 36 cluers, *corr.* de cleres. — 63 *Ps.* LIII.

(P. 1) *C'est le livre du gouvernement des roys et des princes appellé le Secret des secrès, lequel fist Aristote au roy Alixandre.*

Suit la table, après laquelle l'ouvrage commence ainsi :

Le prologue du docteur en recommandent Aristote .j.
Dieu tout puisant vueille garder nostre roy...

2. — Du gouvernement de santé, livre envoyé par HIPPOCRATE a César. — Apocryphe qui a été très répandu au moyen âge, et dont on a plusieurs versions françaises qu'il ne peut être question d'étudier ici. Je signalerai une première version qui se trouve dans les mss. Bibl. nat. lat. 14689 (incomplet), fr. 573, Libri (Florence) 125[1], et d'autres dans les mss. fr. 2001, 2043, 2047, Digby 86 (fol. 8-21), etc. Je n'ai pas rencontré de texte tout à fait identique à celui de Cambridge.

Ci commaince le livre du gouvernement de santé que Ypocras fist, et l'envoya a l'emperiere Sesar pour la santé garder et pour avoir vie plus longues. Il fist demander a Galien le bon mire pour quoy il mangoit si petit, lequel lui respondit : « Mon entencion est de vivre longuement, et pour ce je ma[n]güe ainsi petit, ne je ne mangüe pas pour les delices des viandes, mais pour le corps soustenir en vie... »

Cet opuscule est suivi de quelques morceaux qui ne sont pas nettement séparés les uns des autres.

1° Une sorte de calendrier hygiénique :

Avicene dit que ou mois de janvier, a garder parfaittement santé, on doit au matin, a jeung, boire de très bon vin, auxi comme un petit voirre ; ne nulz ou mois de janvier ne se devroit (on) faire seigner...

Les préceptes relatifs à décembre se terminent par cette remarque, qui du reste pouvait s'être déjà présentée à l'esprit du lecteur :

Item, vous devés savoir que ce livre n'est pas fait pour gens qui travaillent et traient poine, comme ces laboureux, mais est fait pour ceulz qui vivent sens labour et sans prendre travail.

Suivent deux pages contenant des préceptes relatifs au diagnostic à tirer de l'inspection des urines et quelques recettes dont les dernières sont en latin.

3. — JACQUES LEGRAND, Le livre de bonnes mœurs. — Cet ouvrage

1. Ce ms. est l'original d'après lequel a été copié le ms. fr. 573.

fut présenté en 1410 à Jean duc de Berry[1]. Les mss. en sont très nombreux; voy Bibl. nat. fr. 453, 953, 954, 1023, 1024, 1025, 1050, 1144, 1145, 1798, etc., et il a été imprimé plusieurs fois; voy. Brunet, *Manuel du libraire*, sous MAGNUS.

(P. 71) *Cy commence la table des rebriches du livre des bonnes meurs intitulé, lequel est composé de cinq parties.*

L'ouvrage commence ainsi, après la table :

Tous orguilleux veulent a Dieu comparer en tant qu'ilz se glorifient en eulz mesmes et es biens qu'ilz ont, desquelles choses la gloire est deue principalement a Dieu.

4. — JACQUES DE CESSOLES, Le livre des échecs, traduit par Jean de Vignai. Traduction faite pour le roi Jean, encore duc de Normandie, voy. P. Paris, *Manuscrits françois*, V, 16.

(P. 209) *C'est le livre des eschez translaté par frere* JEHAN DE VIGNAY.

A très noble et très excellent prince Jehan de France, duc de Normandie et ainsné fils de Phelipe par la grace de Dieu roy de France, frere Jehan de Vignay...

L'explicit est ainsi conçu :

Cy fine le livre des eschez translaté par frere Jehan de Vignay hospitalier. Et fut copié et escrit a Bourges en Berry ou moys de mai l'an de grace mil quatre cens et ving.

REPANTEUR.

Ce dernier mot, qui est vraisemblablement le nom du copiste, est d'une lecture très incertaine.

FF. 3. 31. — LE ROMAN DE PONTHUS.

Le roman de Ponthus et de la belle Sidoine est, comme on sait, une imitation en prose de la chanson de geste anglo-normande de Horn et Rimel. La trame du récit est celle de l'ancien poème; les noms des personnages et des lieux sont changés[2]. Il faut rappeler ici, parce que ceux qui s'en sont occupés dans ces dernières années paraissent l'avoir ignoré,

---

1. Delisle, *Cabinet des mss.* I, 60 et III, 182 (n° 134), 311-2. — Il y a sur ce personnage une assez bonne notice dans le *Catalogue des mss. de M. de Cambis* (Avignon, 1770), p. 446.
2. Voy. H. L. D. Ward, *Catalogue of Romances*, p. 469.

que, selon une remarque intéressante de M. de Montaiglon, les noms substitués dans *Ponthus* à ceux de Horn sont empruntés à la Bretagne et à l'Anjou, que le nom même de Ponthus est celui d'un membre de la famille de La Tour Landry, qui vivait dans la première moitié du XVe siècle, et pour qui, selon toute apparence, fut rédigé le roman[1].

Ce faible ouvrage a été très lu. Il en existe des copies dans presque toutes les grandes collections de manuscrits, et la Bibliothèque même de l'Université de Cambridge en possède un second exemplaire sous la cote HH. 3. 16[2]. Enfin l'ouvrage a été plusieurs fois imprimé de 1478 environ à 1550[3]. Aussi n'aurais-je pas mentionné ici le ms. FF. 3. 31, s'il ne se recommandait par deux particularités intéressantes. D'abord il est précédé d'un prologue en vers à rimes plates, et très plats eux-mêmes, qui donnent un résumé sommaire du roman. C'est l'œuvre d'un Anglais qui savait assez bien le français. En outre, le ms., qui a été exécuté en Angleterre, quoique la langue en soit assez correcte, est orné, au commencement de chacun de ses chapitres, de grandes lettres initiales noires dont les formes variées rappellent celles qu'on trouve dans les anciens mss. exécutés à Lindisfarne. Chacune de ces lettres contient une devise, ou une sentence se rapportant au sujet traité dans le chapitre. Ainsi dans l'initiale du premier chapitre on lit ces deux vers :

Vroy amoureux, que que nul die,
Doit estre loial a s'amie.

Le ms. est sur papier. Il fait partie de la collection Moore, bien que je ne le retrouve pas sur l'inventaire publié par Bernard.

Si d'aucuns veulent ycy lire
En cest livre pour eulx deduire,
Ilz pourront bien veoir et entendre
Que fin amant n'a sur lui membre
Qui ne soit livré a martire
Quant son cuer n'a se qu'il desire.
Vroy amoreux si ne doit estre
Orgueilleux n'a clerc ny a prestre
Ni a nul'autre creature,
Ne souffrir sur lui nulle ordure.
Secretteté et beau langaige
Doit avoir en lui et couraige.
Ponthus le vaillant chevalier,
Dont après ci orrez parler,
Fut moult secret, vaillant et saige
Et amoureux, hault en couraige;

1. *Le livre du Chevalier de La Tour Landry*, publié par A. de Montaiglon, p. xxiij.

2. C'est un volume en parchemin, orné au premier feuillet d'une assez jolie miniature. Dans la vignette qui encadre ce feuillet on lit ces lettres plusieurs fois répétées *iei*, dont le sens m'échappe. La rubrique initiale est ainsi conçue: *Ci commence le livre de Pontus filz du roy Thibor de Galice, et comment en armes et amours il souffrit moult de pestilences, de mauls et de douleurs.* C'est le ms. 451 de l'inventaire des mss. de Moore (Bernard, II, 373).

3. Dates approximatives; voy. Brunet, sous PONTHUS.

Aussi le devoit il bien estre,
Car sailli estoit de grant estre :
Filz au roy de Galice estoit ;
Mais Fortune qui tout deçoipt
Et qui est a chascun maistresse,
A bien et a mal tout reversse,
Le fist partir et absenter
De son païs et toust en aler.
Tant fut conduit et droit ala
Que en basse Bretaigne ariva,
Ou roy estoit pour lors nommé
Duquel fut grandement amé.
Cel'uy roy une fille avoit,
La plus belle que homs veoir pouait :
Sydoine estoit appellée,
La plus belle et d'onneur clamée
Que on peust sur terre trouver
Ne de nul vivant oïr parler.
Saige, honnourable et sans despit
Estoit, com le livre le dit.
Elle fut trestant amoureuse
En tout honneur et curieuse
Du dit Ponthus, bon chevalier,
Que elle ne savoit quel part tourner ;
Et si de lui envie avoit,
Plus grant luy d'elle il avoit.
Leurs amours si furent selées,
A nulz ne furent escandées,
Combien que le dit amoureux
Fust jour et nuit moult curieux
De accomplir tout le desir
De sa dame et tout le plaisir.
En fait d'armes et autrement
Abandonnoit son scentement,
Et trestoute sa vaillantie
A accomplir le gré s'amie.
Dont en la fin furent joyeux
L'un de l'autre et vraiz amoureux.
A ytant je me vueil cesser
De ceste rime convoier,
Car tout en prouse on trouvera
Cy après qui bien vous dira
De Sydoine et de Ponthus,
Pour ce ycy ne vous en dy plus.

Sy commence le livre du vaillant chevalier Ponthus, lequel devise de plusieurs beaulx faiz que icellui fist a sa vie, et par especial ou temps de sa jeunesse.

Et premierement, compter vous en vueil une moult belle histoire ou l'en pourra aprendre moult de bien et de exemplaire...

FF. 6. 13. — TRAITÉS DE FAUCONNERIE.

Parchemin, 81 ff. ; hauteur : 195^{mm}, largeur : 128^{mm} ; fin du XIIIe siècle. Ancienne marque de provenance : *dono Roberti Hare*, 1594. — Ce ms. renferme divers opuscules latins dont je n'ai pas à m'occuper et qui sont correctement indiqués dans le catalogue. J'ai seulement à faire connaître trois traités de fauconnerie, l'un latin, les deux autres français, qui occupent les derniers feuillets du volume. La description donnée dans le catalogue est ici fautive, confondant les deux traités français en un seul.

Peu versé dans la littérature de la chasse, je ne saurais dire si l'un ou l'autre de ces opuscules a deja été signalé, ni s'il en existe d'autres copies. Les bibliographies d'ouvrages sur la chasse ne manquent pas, mais il ne faut point y chercher de renseignements sur les textes inédits, et même pour les traités du moyen âge qui sont publiés, elles sont en général peu exactes, et n'indiquent point les rapports que ces traités peuvent avoir entre eux.

On sait que plusieurs des anciens livres français de fauconnerie dérivent des traités bien connus de Frédéric II et d'Albert le Grand. Il ne me paraît pas que tel soit le cas des opuscules contenus dans le ms. de Cambridge. D'autres écrits français sur le même sujet, soit en vers, soit en prose, se rattachent à des traités, probablement latins, composés en Angleterre. Daude de Prades se réfère dans ses *Auzels cassadors* (édit. Sachs, v. 1905) à

..... un libre del rei Enric
d'Anglaterra, lo pros el ric,

sur lequel M. Sachs, qui cite en sa préface maint ouvrage sans rapport possible avec les *Auzels cassadors*, ne donne aucun renseignement. D'autre part, un court poëme anglo-normand sur la fauconnerie que renferme le ms. Harleien 978 (XIVe siècle) cite « le livre al bon rei Ewdard », qui ne paraît pas identique au *Booke of hawkyng after prince Edwarde, Kyng of Englande*, publié dans les *Reliquiæ antiquæ* de Wright et Halliwell, I, 293-308. Il est notable du reste, que l'auteur de ce poëme, bien qu'écrivant, selon toute apparence, sous Edouard I, ou sous Edouard II, parle du roi Edouard comme d'un personnage du temps passé. La question est d'autant plus compliquée qu'on a attribué à Alfred le Grand aussi un traité de fauconnerie. Voilà donc trois rois d'Angleterre qui auraient écrit ou fait écrire sur cette matière. Comme le poëme du ms. Harleien offre quelques rapports avec le traité latin du ms. FF. 6. 13, j'en citerai ici le début :

Bel oncle cher, jo le sai pur veir[1]
[(*fol.* 116 *c*)
Ke en bon oisel ad riche avoir;
Mès mult i covient mettre grant
E bien conuistre lur nature, [cure
Kar nul ne[s] puet, si il ne seit mestre,
Bien affeiter, porter ne pestre.
Pur ceo vodroie jo volenters
Aprendre de ces ostrizers,
De ceus la manere e les murs
Ke deivent garder les osturs;
E si ren en avez oï,
Dites le moi, vostre merci.
— Mult volenters jol vus dirrai,
Ke en escrit trové en ai
Si cum jo lis e jo l'esgard,
El livere al bon rei Edward;
Kar jadis esteient Engleis
Mult enseignez e mult curteis,
E savoient affeitement
Plus ke ne savoient nule gent,
E nomeement des oiseaus
Ki ourent sovent de bons e beaus.
Ore vus dirrai volenters

1. Ce poème est écrit à lignes pleines, comme de la prose. Ce n'est peut-être qu'un morceau détaché, à en juger par ce début.

Queus deivent estre ostrizers :
Sobres e chastes, sueve gent,
Deivent estre, cum jo l'entent,
E si eient mult duce aleine ;
Delivre seient de autre peine.
Iço vus pus jo ben retrere,
Delivre seient de autre affere.
— Ore me mustres dunc purquei ?
— Dirrai le vus en la mei fei,
Jo vus en frai ben la provance

Il y a entre ces derniers vers et le texte latin qu'on va lire un rapport évident. Les conditions requises pour un bon fauconnier sont les mêmes de part et d'autre, et il faut que le français soit imité du latin ou que tous deux aient une source commune [1].

1. — (Fol. 69 r°) *Incipit liber de passionibus falconum, accipitrum, austurorum, spervariorum, et qualiter eos curare poteris, et qualiter eos nutrire et mudare debeas* [2].

Oportet eos qui falcones, accipitres, austuros vel spervarios nutriunt sobrios esse, ne per ebrietatem aut crapulam sue cure obliviscantur ; castos ne tactu meretricum penne scabie vel tineis corrumpantur ; non iracundos, ne irati illos ledant; non fetido anelitu, ne illorum odio ceteros homines fugiant, et illo fetenti odore reumatizati fiant ; providos, ne ferre [3] illos tempore pluvioso vel ventoso, et ne in firma quam mudam vocant, vel diutius morentur, vel citius justo extrahantur, et ne vincula que *jacti* vocantur ex duro et inflexibili corio fiant, ne macri vel pingues fiant plus justo, unde amittant voluntatem volandi. Septimo autem die ab ortu eos de nido capies, quo die jam sensus eorum sunt perfecti et membra eorum in malleolo paciuntur plicari...

2. — Médecine des faucons, autours et éperviers. Ce traité, dont je ne connais pas d'autre exemplaire, offre quelques points de contact avec le précédent.

(Fol. 73) *Medicines verraies de garir falcons e osturs e esperviers, e la maniere coment les conustrez e coment les afeiterez.*

Si vostre oisel a le dos rus e il eit grosse maille e il seit mult petit, dunc est il de jeofne eir, e s'il est gros e il eit le dos bien gris ou fauf, donc est il de viel eir. Si vostre oisel ad les piez blancs e les oilz, donc est il nyès. Ostur ramage les solt aver plus blancs ke espervir (*sic*), mès oysel ramage les solt aver meins blancs ; girfalc les solt aver bien jaunes, e tel i ad vermeils. Si vostre oysel ad la maille russet, dunc est il esclos en pumer ou en alne ou en espine. Si il ad la maille blanche, dunc est il esclos en bul ou en trembler ou en codre. S'il est

1. Les mêmes prescriptions se retrouvent ailleurs encore ; ainsi dans un traité sur les « oiseaux gentils » et leurs maladies dont on a plusieurs copies : « cil qui garde l'oisel gentil doit estre sobre, qu'il ne s'enyvre point, car yvresse « est mere d'oubliance... après il doibt estre debonnaire et souffrant, car ire « engendre blessure... » (Bibl. nat. fr. 24272, fol. 135).

2. A lignes pleines ; à partir du fol. 71 à deux colonnes.

3. *Corr.* ferant *ou suppl.* presumant ?

canevaz, c'est ne bien russet ne bien blanc, donc est il esclos sur cheinne. Sachiez ke oisel nyès ne seit nient si bien prendre l'un oisel cum seit le ramage, mès le niès solt estre plus hardi, e ceo avient de ceo ke l'en les get de surse.

Si vus volez en deus meins vostre oysel muer, pernez un serpent ou une coluvere ou ambedeus, si quisez les en pot plein de furment, e ovek un poc de awe come anguille. Kant il erent bien quit e le furment ert enbeveré del venim, donc prendrez deus gelines, si les pestrez de cel forment, e si ne mangerunt de nule altre chose. Pur ceo les lessez en une corniere par elz meimes : quant eles averunt la meitié mangee, donc eiez aparillée une chaude mue ; si getez vostre oysel dedenz. Donc tuez une geline des dèus, si pessez vostre oysel ; l'autre geline pessez del remanant del furment, tant ke vostre geline seit mangée. Après ceo tuez vostre altre geline, si en pessez vostre oisel ; puis si le pessez de buchel e de menus oiseals e de maulle chat. Idunc muera, ke devant quinze jurs près sera tut nu. E si vus ne poez trover serpent ne colevere, pessez le sovent de luz : c'est pesson de ewe duce [1].

Fin (fol. 78 *b*) :

Plumée a espervier ou a muschet ou a esmerillon ou a hobel de la teste del oisel devez fere, ou de la pel de suriz : si la aturnez en meimes la maniere ; mès n'i avera ke une pelote.

Je ne sais si le traité est fini : le reste de la colonne est blanc.

3. — Traité sur l'art de dresser les oiseaux chasseurs, avec un prologue et un épilogue en vers qui, dans le ms. sont écrits à lignes pleines, comme de la prose.

Dreit e reison e volenté (*f.* 78 *c*)
Ferme de mon einz degré [2]
Me ad le cuor suspris
A dire ceo ke jeo ai apris
De oisels daunter la nature
E fere entendanz a nureture.
De falcon ramage dirrai premier
Cum l'en le devera afeitier,
Dès que il seit bien entré
E de oisel prendre bien aleuré,
E puis del niès vus dirrai
E del rebuté ceo ke jeo en sai,
Si ke chescun, solum sun dreit,
De dreite aprise prenge espleit.

---

1. Cf. le passage ci-après du traité latin précédemment indiqué : (Fol. 69 v°) « *Ad mutandum volucrem.* Si avis in muda positus pennas non deposuerit, accipe « colubrem varium vel serpentem, vel utrumque, et cum frumento in aqua « cocto decoque ; quo bene cocto et jure projecto, tritico illo ac jure pullos gal- « line vel columbarum assidue refice. Quorum carnibus si avis usus fuerit, et « pennas sufficienter deponet, et si quis morbus interius fuerit, omnino discedet ». Cette manière de muer les oiseaux est indiquée ailleurs encore, voir par ex. *The Booke of hawkyng after prince Edward kyng of Englande*, dans Wright et Halliwell, *Reliquiæ antiquæ*, I, 307, et Daude de Prades, v. 1465 et suiv.

2. « De mon propre gré », plus loin *ein degré;* voir pour d'autres ex., tous anglo-normands, Godefroy, sous *ayndegré* et *eindegré*. C'est une locution hybride dont le premier terme est l'anc. angl. *âzen*, *âwen*, angl. mod. *own*.

Après vus dirrai, si Deus l'otrie,
Des griefs e de lur maladie
Ke sovent escheient par mescheance,
Dunt vus dirrai de alleggaunce
E de medecine pure
De tuz curer solum nature.

Primes covendra debonerement le falcon manier e ciller [1], e puis mettre les gez e recoper li les ungles e le bek un petit, ke il en serra le meillur a manier, e puis mettre li le chaperon pur user ke il le veolle, e puis le devez debonerement manier e daunter dedenz meison, desque il seit asigé saunz departir del poin, e ke perche ne conuisse desque il seit luré. Petit e petit li donez a a manger jeske a mie gorge al plus, issi ke quant il eyme mielz a manger li tolez, kar comencera d'enamer sun mestre...

Fin (fol. 81 *a*):

Pur oster la pelote de la mule, abatez le oisel e le turnez envers e le lavez de ewe chaude endreit la mule. Puis fendez la pel, ke vus pussez buter vos deus deis e la mule autresi, e vus troverez quatre pels; e sakez hors ceo ke vus troverez en la mule, pnis lavez la mule (*b*) un poi de ewe chaude. Puis recusez la mule e chescune pel par sei de un fil de seie delié.

Sauve la sentence e la fei
De celi ke plus en seit de mei,
Dit vous ai mon avis
Si cum le conuis e ai apris.

Al finement de mon dité
Ke fet ai de mon ein degré,
Saluz a tuz mes amis
Pur ki m'en sui entremis
De cest treitiz en escrit fermer,
Les uns pur aprendre, les autres [pur remembrer;
Kar cels ke en seivent si remem- [brunt
E les autres aprendre porrunt.
Mar nul en pense ke nul en die
Ke cest enprenge par folie,
Dunt jeo me avante de saver,
Pur loaunge ou pris aver,
Ou ke de mei face clamer mestrie,
Par orguil e sorquiderie,
De greinnur sen ke il n'i ad:
Ki cest preche, si peccherad.
Mès, si plus averoie de bien retenu
Ke autre de mei k'en eust meins [veu,
De franc queor dirroie mon avis
Cum de mon mestre l'averoie apris,
Kar la seinte Escripture dit,
Ke parolt par le seint Esperit:
« Cil n'est pas en Dieu bien aré
« Ki ne seime k'il ad seié [2] ».

FF. 6. 15. — MIRACLE OPERÉ PAR LA VERTU D'UN *TRENTEL*.

Ce ms. contient un grand nombre de morceaux latins dont on trouvera

---

1. Il s'agit d'une opération appelée en latin du moyen âge *ciliatio*, qui consistait à priver temporairement l'oiseau de la vue en lui cousant les paupières. Elle est minutieusement décrite dans le traité de Frédéric II, *de arte venandi cum avibus*, l. II, ch. XXXVII.

2. Il faut sans doute corriger *Ki ne seie k'il ad semé*; Cf. MATTH. XXV, 26 « quia meto ubi non semino », et LUC. XIX, 22.

le détail dans le catalogue. A la fin est transcrite la pièce dont le texte suit. L'écriture est de la seconde moitié du XIVe siècle. C'est le récit d'un miracle destiné à montrer combien grande est l'efficacité du genre de service religieux qu'on appelait *trentel* au moyen âge[1] et dont la définition est donnée dans le récit même. Il s'agit d'une femme qui à l'insu de tous avait tué successivement deux enfants illégitimes auxquels elle avait donné le jour. C'était la mère d'un pape qui n'est pas nommé. Après sa mort, elle apparut sous un aspect hideux à son fils, et lui avoua la cause des souffrances qu'elle endurait, lui faisant savoir en même temps que s'il disait pour elle un *trentel* elle serait délivrée. Le pape y consentit, et en effet, un an après sa mère lui apparut de nouveau rayonnante de beauté à ce point qu'il la prit pour la reine des cieux. Elle lui apprend que Dieu l'a délivrée par la vertu du *trentel*, et qu'ainsi fera-t-il de tous ceux pour l'âme de qui on fera le même service.

Il est bien vraisemblable que cette légende intéressée se retrouve ailleurs, sous la même forme ou sous une autre. Je rappelle qu'il y a parmi les fables d'Eude de Cheriton un autre conte destiné à faire connaître les vertus du *trentel*[2].

(*Fol.* 249 *v*°) Une apostol fu ja ql out une mere qe mult fu tenu prode femme de tote gens. Avint si qe par mesaventure la dame enceinta privement, qe nul homme ne sout, e enfanta a son terme; e par doute de son filz e de pople, quida celer son enfant e son meffet, e murdri son enfant; alters fiez avint aultresi. Li apostel e tuz ceous qi la conisseint la tindrent chere pur les granz biens que quidoint en luy. Avint issi qe la dame enmaladit e morut, e son filz e tuz les aultrez furent en bone espeire de luy. Après iceo, si cum li apostol garda derer soi, si vit la plus trelede[3] creature que hum puist regarder, e dit : « Creature, « jeo te conjure de par Diex qe vous me diez qe vous estez. » La chaitif dolent respundi e (*fol.* 250) dit : « Cher duz filz, jeo su vostre mere ». Li apostol si merveilla e dit : « Ja quidoms nous que vous fuissez mult prude femme, e que « vous fussez en grant joie ». E cele luy conta quele vie el out demené, e pur ceo suffri si grant paine cum alme put suffrer, e fu en si grant ardure que la flamme luy issi a touz senz d'enz. E son filz en out mult grant pité e luy demande si l'em luy puist aider. E ele dit qe si l'em feït dire pur lui un trentel, que serrait deliveré de peine. Ceo est le trentel : treis messez de l'Anunciacione Nostre Dame, .iij. de la Nativité Nostre Seignur; .iij. de l'Aparicione de luy, .iij. de la Purificacion Nostre Dame, .iij. de la Resurrection; .iij. de l'Ascension, .iij. de la Pentecoste, .iij. de la Trinité, .iij. de l'Assumpcion Nostre Dame, .iij. de la Nativité Nostre Dame. Touz ceoz messes serront dites dedenz

1. Voy. du Cange, *trentale*.
2. *Romania*, XIV. 395-6.
3 = tres lede.

les uteves des avant ditez festez en meme la maniere que eles sunt dites les jourez....... Li apostol dit qe voluntres le freit, e la comanda qe ele se mustrat a luy a ceo joure en un an, e ceo jour... [1] e fu si qe li apostol chanta messe. Estez vous une si grant clareté vint, cum si tut le munde fut alumé. Li apostol fut a bai [2], si regarda e vit deuz angeles descendre e amener entre euz la plus bele creature de dame que unkes fut veu. Des orez li apostol (*v°*) quida que ceo fu la dame de cel, e la chaï a pez e dit : « Duz dame, raïne de cel e de terre, « jeo vus cri merci pur l'amur vostre duz filz. » E ele respondi : « Bien duz « filz, ceo su jeo vostre mere. Beneite soit le hore qe vous nasquistes! qe de tele « cum vous me veïstez aultre fiz me a Diex, par vous messez, deliveré de ma « paine. E si fra tous ceous pur qi l'em les chantera en la manere que vous les « avez fetes, e serront deliverez de perils e de pechez. » E tant tot envanit des veu od les angeles qi la menerent.

GG 1. 1. — RECUEIL VARIÉ.

Ce livre est à lui seul toute une bibliothèque, et il serait impossible de lui trouver un titre quelque peu précis. C'est, eu égard à son format, l'un des plus gros manuscrits que j'aie vus. Il n'a pas plus de 217^{mm} de hauteur sur 142 de largeur, mais il compte encore dans son état actuel 633 feuillets, bien qu'incomplet. Selon une collation dont Bradshaw a indiqué le détail sur un des plats de la reliure, il a perdu neuf feuillets. Çà et là (ff. 113, 125, 164, 204, 244, 324, 345, 384, 392, etc.) on trouve des traces d'une pagination du XVIe siècle qui semble avoir été exécutée avec négligence et d'où on ne peut rien conclure quant à l'état ancien du ms. Les pages, le plus souvent à deux colonnes, ont de 37 à 40 lignes par colonne [3]. L'écriture est des premières années du XIVe siècle, postérieure toutefois à 1307, puisqu'il y a une pièce sur la mort d'Edouard I. Le copiste était peu instruit. Il a fait beaucoup de fautes dont plusieurs montrent qu'il lisait mal son original.

Nous n'avons aucun moyen de savoir pour qui fut exécuté ce précieux livre, où plusieurs écrits d'origine française sont joints à des compositions anglo-normandes. Tout ce que je puis dire, c'est qu'il a fait partie de la collection de l'évêque J. Moore, et que le contenu en est sommairement indiqué sous le n° 272 de l'inventaire publié dans les *Catalogi* de Bernard. Sur le premier feuillet de garde, on lit ces mots écrits au XVIIe siècle « Bought of Mr. Washington. » Les feuillets 1 à 5, peut-être déplacés, contiennent la table de la *Lumière as lais*, ci-après article 3. Le feuillet 6 r° est occupé par une table sommaire et assez peu

1. Ici un mot que je n'ai pu lire.
2. Ou *abaï* (= *esbaï*)?
3. Sauf à l'art. 15 (Gautier de Biblesworth) où les lignes sont espacées pour recevoir les gloses anglaises.

exacte de tout le manuscrit, sous cette rubrique : *En iceste livre contienent tauntz de romaunces cum ci après sunt notez et escritz.*

Une particularité notable de ce livre est que le copiste, s'étant attaché à commencer en belle page, ou au moins au haut d'une colonne, la plupart des ouvrages de quelque importance, n'a pas voulu laisser de blancs à la suite des ouvrages qui ne finissaient pas au bas d'une colonne. Il a rempli les espaces vides en y copiant de courts morceaux latins ou français qui ne recevront pas de numéros dans la description qui suit.

1.— Urbain le Courtois.— Il existe à ma connaissance cinq copies de ce traité de civilité[1]. Elles présentent des différences très considérables. Celle-ci a 784 vers. Je me bornerai à transcrire les premiers et les derniers, réservant pour une autre occasion la publication du texte complet, qui, accompagné des observations que le sujet comporte, occuperait ici trop d'espace.

Ici comence Urbane curteise (Fol. 6 *b*)

Une sage home de graunt valour
Ki jadis vesquist en honur,
Urbane esteit il apelé,
Ki en sun tens fust amé,
De sun fiz ceo purpensa
E de son bon sen li demustra,
E dist : « Chier fiz, ore escotez,
Si jeo di bien le entendez...

Fin (fol. 7 *c*) :

Tant cum la bours peut durer,
Amur de femme poez aver ;
E quant la bourse si est close,
De femme averez une glose.
De ceo soiez bien garni,
Chier fiz, jeo vous prie.
Plus ore a vous ne dirrai,
Mès a Dieu vous commanderai.
Explicit.

2.— Petit recueil de sentences rimées diposées en forme de quatrains ou de distiques. La première a cinq vers, mais on la trouve ailleurs réduite à quatre. Je ne sais que penser de « la dame de Halop » à qui est attribué un proverbe, d'ailleurs bien connu. Est-ce *Salop* (Shropshire) ?

1. Voy. *Bulletin de la Société des anciens textes français*, 1880, p. 73.

1 Ki de felloun fet sun porter (*f. 7 c*)
E de eschars soun despenser
E de traitour soun conseiller
E de folle femme sa mullier (*f. 7 d*)
Il ne morra ja sanz encumbrer [1].

2 Ki male custume levera
Il ne l'abatera [2] quant il vodra.

2 Fole [3] est qui fole boute,
E plus est fole qi fol ne doute;
Fol est qi fole tarie,
E plus est fole qi fole marie.

3 Sage hom deit felon [4] cremir,
E sot felon deit hom haïr;
Sot deboner deporter,
E sage deboner bien amer.

4 Celle vie est mauveis
La ou home dit en la fin: Alas!
Fole est qui sist en l'estate
Ou il ne ose morrir pas.

5 Quant large doune largement
Vileins est qi trop en prent,
Car largesse fet a touz entendre
Qe surfet est de trop prendre.

6 Ceo dit la dame de Halop:
Mult miez vaut assez qe trop [5].

7 Qi mestres est de soun delit
Bien est reison qe s'en joyt.

8 Launge qe ja ne retreit
Del Dieu bouche seit maleit.

3.— Raüf de Lenham, *Comput.*— J'ai donné jadis, dans mon rapport sur les mss. de Glasgow, une notice de ce poème, avec extraits [1]. Je n'en connaissais point alors d'autre ms. que celui-même que j'avais trouvé au Musée Hunterien. Depuis, j'ai rencontré le même traité non-seulement dans le ms de Cambridge que je décris, mais encore dans le ms. 399 de la Bodléienne [2], qui paraît du temps d'Edouard I environ. Je donne les variantes de ce ms. au bas de la leçon du ms. de Cambridge. — Une quatrième copie se trouvait dans le ms. Cotton Vitellius D III, qui fut presque entièrement détruit dans l'incendie de 1731. Les débris qui en subsistent ont été consolidés autant que possible et mis en ordre par l'administration du Musée Britannique, et j'aurai prochainement l'occasion de dire ce qu'on y peut encore trouver, mais les feuilets où était écrit le comput sont détruits et on ignorerait qu'ils ont existé, sans la mention du catalogue de Th. Smith (1696), p. 90.

---

1. *La même série, moins le second vers, est rapportée d'après un recueil ms. du* XIIIe *s. par Le Roux de Lincy*, Livre des Proverbes, II, 388.— 2. *Ms.* la batera. *Ces coupes vicieuses sont très fréquentes dans ce ms. Désormais je m'abstiendrai de les noter.* — 3 *Pour* fol, *comme plus loin.* — 4 *Corr.* Sage felon deit hom. *Ces quatre vers forment le seizième des* quatrains moraux *publiés en appendice à* L'Hôtel de Cluny au moyen âge, *de Madame de Saint-Surin, p.* 109 (*Paris, Techener*, 1835, in-8). — — 5 *Prov. connu, voy. Le Roux de Lincy*, II, 346.

1. *Archives des Missions*, 2e série, IV, 154 et 160-4 (tiré à part, pp. 121 et 127-31).

2. Ancien D 10; dans les *Catalogi* de Bernard, n° d'ordre 2230.

Les morceaux que je vais rapporter sont au nombre de ceux que j'ai publiés d'après le ms. de Glasgow. De la sorte il sera facile de se rendre compte du rapport des trois copies. On constatera sans peine que les mss. de Glasgow et d'Oxford sont apparentés de très près.

De geste ne voil pas chaunter, (*f.* 8)
Ne veilles estories cunter
Ne la vailance as chevalers
Ke jadis estoient si fiers.
Mun sen, ce crem, pas nel save-
Lur valur escrivre a droit. [roit
De dire poi crendrai mult.
D'autre part ausi redut
Ke taunt preisasse lur valur
Ke tenu fuisse a mentur;
Ke mut i a cuntes e fables
Ke ne sunt pas veritables.
Pur ceo tels chose vous dirai
Dunt verit[é] vous musterai,
E proverai de mun dité
Par resun la verité.
De estudier en ceo labur
Bien su tenu, kar mun seignur,
Par ki amur cest ouvre pris,
Comandé me avoit e requis
De aprendre lui e enseigner
En romance l'art de kalender.
C'est l'acheson, autre n'en ai,
Ke cost (*sic*) dité comensai,
Mès nepurgant (*sic*) le lai gent
Asenser purrai bien sovent.
Ki ke les resons savera
Entendre, kar meint tel i a
Ke lunkes muser i porreit
E ja plus sages ne serreit.
Jeo di tel de la lai gent
Ke sunt de feble entendement.
Pur ceo di : Ça entendez
Vous ke saver le voilez
Les resons de cest art
Ou poi en ert la vostre part, (*b*)
Kar une petite reson
En sun livret nous dit Catun:
« Li mestres en vein la lesson lit
« Dunt ces disciples unt en despit,
« E le cunte est pur rien cunté
« Kant de nul est escuté. »
Pur ceo pensez del escoter
Kar mut aralne (*sic*) en vain
[counte[r].

A Roume, al tens auncienur,
Esteient clers de graunt valur
. . . .
. . . .
Jeo ki ceste petit treté (*f.* 14 *a*)
De latin vous ai translaté
Raüf de Linham ai a nun;
Ne voil que nul hom si mei non
De ceste ovre nul blame eit,
Si rien par aventure i seit,
Mesdit, mesfait u mesasis.
Pur ceo vus ai mun nun apris;
Ore escutez dunc avaunt
Kar ne larrai pas ataunt
Ke mun purpos ne pardie,
Sen l'en teng ou folie.

Variantes du ms. Bodley 399 (*fol.* 96-104). *Rubr.* Art de Kalender par Raüf de... (*mot gratté*) romanncé (*sic*) e ceo pur simpli (*sic*) gent lettré. — 3 la *omis.* — 5 p. ne s. — 7 descrivere. — 7 crendreie. — 8 E d'a. — 11 Kar m. — 13 c. de tele ch. d. — 17 cest l. — 18 kant m. — 19 Pur ki... enpris. — 22 romanz. — 23 Ceo est l'a. altre n'ai. — 33 P. c. vus di. — 34 saver desirez. — 37 Les breves r. — 41 pur nent. — 42 Ki de nul n'est. — 44 m. harraie. — 47 Ore qui cest. — 49 Raü. — 50 nus. — 58 Sen le teingnez.

. . . .
. . . .
Seignurs une rien vous di(e) : [(f. 16 b)
Si ceste dité ke avez oï(e)
A clers ne suffist pas assez,
De ceo ne vous enmerveilliez,
Kar pur eus nel fis jeo mie
Ki entendent graunt clergie,
Mès ceo romanz a lai gent
Assez suffist plenerement,
E lur aprent del kalender
Quancques as lais serra mester;
Kar cil ne poent tantost
Augrime saver ne compost,
E pur mun seigneur enveer
Ke tant me deigna a preer
Ke cest art saver voleit;
Kar par latin ne entendreit,
Kar il ne esteit for poi lectré;
E pur ceo en romauns l'ai traité
E taunt des auns i aveit tenu
De l'incarnation Jhesu
Mil e deuz cenz e cinkaunte sis,
Ke jeo Raüf ceste traité fis.
E, seignurs, si vous desp[l]eit
De ceo k'en ceo dité est fait,
Pur Deu pensez del amender,
Si mieuz le savez adrescer.
Pur ceo, si cum dient la gent,
Un sage aukune fiez mesprent;
Dunt n'est ce pas merveille grant.
Si sil mesfest k'est meins sachant.
Si riens i troverez de profit,
Dunt solas vous vienge ou delit,
Taunt me facez de guerdon
Jhesu priez pur sun noun, (c)
Pur la vertu de sun poer
Graunter me voile ceste loer
Ke a tuz bons serra commun;
Amen, amen die checun!

Explicit de compotu secundum Radulphum de Lynham.

Le reste du feuillet 16 v° est occupé par trois courts morceaux latins ; *De baptismate. De utilitate visionis corporis Christi. Utilitates missa.*

4. — Pierre de Peckham, *La Lumiere as Lais*. — Dans ma notice sur les mss. de Saint John's College j'ai présenté sur ce long poème quelques observations et j'ai dressé la liste des exemplaires qu'on en possède [1].

---

61 As c. — 69 ne pount pas. — 70 Angrim s. e. c. (*algorisme*). — 71 s. aueer. — 73 Kar c. — 74 E pas le l. ne entendeit. — 76 l' *omis*. — 77 de anz. — 80 Raü cest. — 81 si ren vus desplet. — 82 De c. ke est en cest dité fet. — 86 meinte feiz. — 88 Si cil fest ki est. — 91 pur g. — 92 Ke par s. — *Explicit :* Finy est le art de Kalender. *Suivent ces vers :*

Pus ke Deu crea cest mond
Cinc mil anz alé s'en sunt,
E dous cenz, un seul a dire,
Deske nasquit nostre Sire;
Ajostez les anz Ihesu
Dunc ert li numbres tut seü.
Pus ke Deu devint homme,
Mil .ccc. anz est la summe.

1. *Romania*, VIII, 325. J'ai signalé, p. 326, dans le catalogue de la vente De Coussemaker (1877) un ms. de la *Lumiere as lais* dont le sort m'était inconnu. Je sais maintenant que ce livre a été acquis par la Bibliothèque royale de Belgique, où il est coté B 282.

J'ajouterai présentement que la *Lumiere as lais* n'est probablement pas le seul ouvrage de Pierre de Peckham. On connaît depuis longtemps une ancienne imitation en vers du *Secret des secrets Aristote* dont l'auteur se nomme Pierre d'Abernun[1]. Or ce Pierre déclare, à la fin de son poème, qu'il a composé un autre ouvrage qui est précisément intitulé la *Lumiere as lais*. Voici le passage, qui a déjà été cité par l'abbé de La Rue (*Essais sur les bardes*, etc., II, 365):

En un livre que fez ai jad
De ceste matiere traité ad.
E mult choses, sachiez, sanz fables,
K'a alme d'hom sunt profitables;
Le livre, en verité sachiez,
La lumiere as lais est nomez,
Pur ceo n'en voil plus traiter.
(Bibl. nat. fr. 25407 fol. 196).

Il me paraît infiniment probable que « Pierre d'Abernun » ou « estrait de ces d'Abernun » et notre Pierre de Peckham sont un seul et même personnage, qui vivait probablement au milieu du XIIIe siècle.

Le texte du ms. Gg est meilleur que celui S. John's; il renferme cependant des fautes dont on trouvera souvent la correction dans les extraits que j'ai publiés de ce dernier.

Ceo est le oreisoun mestre Peres de Pechame auctour de ceste livre. (f. 17).

Oracio

Verrai Dieu omnipotent
Ki estes fin e commencement
De toutes les choses k'en siecle [sunt,
E k'avaunt furent e après serrunt,
Ke criastes al commencement
Ciel e tere e angels de nient
Avaunt ke tens fust u movement
Del solail u de firmament,
K'al primer jour lumer feistes
E la nuit del jour departistes;
Le firmament feistes le jour [secunde
Entre les ewes que sunt el munde;
Le tierz jour l'ewe departistes
De la terre ke descouveristes
Del ewe que avaunt fu tote co- [verte,
Issi ke ele apareit tute aperte;
La terre commaundastes a germir,
Arbres porter fruit e flurir;
Les ewes en un liu comaundastez
Assembler, e mers les appellastez;
Le ciel aornastez le quarte jour,
Si com aferment li seint plusur,
De solail et de lune ensement
E des esteiles au firmament;
Le quinte jour les ewes e l'eir
Ahurnastes, ceo crei de veir,
L'eir [d']oyseaus, e de pessuns
Les ewes, cum en escrit truvums;
Le sime jour la terre ahurnastes
D'aumaile e de bestes ke com- [mandastes
De tute maniere que fust replenie,

---

1. Mais ore priez, pur Deu amur,
En ceste fin pur le translatur
De cest livre, ke Piere ad nun,
K'e treit est de ces de Abernun.
(Bibl. nat. fr. 25 407, fol. 196.)

Ke home après en eust aïe
Après sun pecché, kar, n'est pas gas; (*b*)
Bien saviez, sire, de sun trespas,
Ke vostre commandement enfreindreit
E ke pur ceo paraïs perdreit;
Dunt après aveit grant mester
D'aumaile, de meuz sei guverner;
Mès totes bestes ne furent pas
En sa poesté pur sun trespas:
Ceo poüm nous bien aparcever
Ke pas ne sunt a nostre poer;
Meime cel jour, a tun pleisir,
Pur vostre overaigne acomplir,
Feistes humme après ta figure
Come sire de tote creature;
Après ta ymage e ta semblance,
Les feistes, sire, n'est pas dutance;
En dreit del alme que nient criastes,
Le cors de la terre formastes
En le champe Damacene numé,
Si cum est en Escripture truvé;
Puis en paraïs terrestre
Les meistes pur garder cel estre
Ke de delices fu repleniz,
Si cum nous truvum en escriz.
Sire, entre les arbres ke i plantastes
Deus en un liu i ordenastes:
L'un arbre fu appelé
Le fust de vie, kar ki mangié
En eust del frut ke portereit
A tuz jours sanz murrir vivereit;
L'autre fust, de mal e bien
Saver, ot sur tote rien
Vertu, dunt bien s'aparçut
Adam quant manga del frut.
Ne mie pur ceo bien savoit avant
Ke bien e mal fu, nepurquant
N'aveit nule male esp[r]uvé
Geske tant k'od del frut mangé.
Sire, donc après, quant aviez mis
Adam pur garder cel purpris, [(*c*)
Si li commandastes que ne mangast rien
Del fust de saver mal e bien;
Si li deistes: « Quel hure que mangiez,
« De mort sachez que vous morrez. »
Puis veistez bien que solas li fust
K'aucune compainie en eust:
Dormir le feistes par ta poesté
E une femme de sun costé,
De une des costes numement,
Od l'os e la char ensement;
E puis quant Adam l'avisa
Sei joïst e prophetiza:
« Iceste char est de ma char,
« E os de l'os, n'est pas eschar.
« Pur ceo pere e mere lerra
« Humme, e a sa femme erdra. »
En iteu maner fu, sanz faile,
En paraïs trové esposaile;
Si signefia l'incarnation,
Si cum nous en escrit trovum;
E si signefia en sun
La seintime conjunctiun
De seint Eglise e Jhesu Crist
Vostre fiz, cum truvum escrit.
. . . .

Fin (fol. 111 *a*):

Mès ore vous prie a chief de tur
Qe vous, pur amur Nostre Seignur,
Qe ceste romance oï avez,
Pur Peres qu'en ad travaillez
Prient, qe Dieu pust bien servir
Issi qe a sa joie pust venir.
E quancqe orunt volunters cest romanz,
Vieuz e joevenes, femmes e enfanz,
Amen die devoutement
A ceo checun, e ceo que apent,
C'est Pater noster e Ave Marie
A la dame qe pur nous prie,
Si issi seit sun fiz Jhesu Crist. (*b*)
Amen, amen, issi finist.

5. — Les quinze signes de la fin du monde. — Voir, au sujet de ce poème, fait en France, et des copies qu'on en possède, *Romania*, VI, 22 et VIII 313. La leçon de notre ms. est l'une des plus complètes. Je propose en note ou dans le texte les corrections indiquées par les autres mss.

Ci comence de les .xv. signes devaunt le jour de jugement (f. 111 *b*).

Oiez tuz communalment
Dount nostre Sire nous reprent:
De ceo qe tute creature,
Checun sulum sa nature,
Recunust meuz sun creatur(e)
Qu'i ne face homme, si est dolur(e);
Mès home de li servir se feint,
De quei nostre Seignur se pleint.
Il nous aime tut bonement;
De quanque desuz le firmament
Nous a doné le seignurie,
E chescun de nous le guerpie.
Muus bestes, urs e lions,
Oyseauz, serpens, mer e peissuns
Funt qei dievent sans tristur(e),
E gracent lur creatur(e).
Ciel e tere, solail e lune,
Neïs des esteiles n'i ad une
Qe ne face quanqe ele deit;
E home faut que tut ceo veit.
Tant est pleines de cuveitise
Qe ne eime Dieu en nul guise.
Plus volenters orreit chaunter
Cum redel juster
Culyer sun companun
Qu'il ne freit un bon sermun
Ne de la seinte passioun
Que suffri Dieu par grant vyan
Pur le peché qe fist Adam.
Pur quei sumes nous orguilus?
Acheitifnes, ja murrum nous!
U est l'ami qe bien nous fra
Quant l'alme del cors partira? (c)
Nos amis pur nous plurunt:
C'est le bien que pur nous frunt.
A scient nous occium
Quant Dieu del ciel guereum.
Nous sumes tretuz qe dolenz;
Mult en averum grevez jugemenz
Quant ceo siecles finira
E Dieus as bons joie durra.
Oncore dis il assés plus:
Cum feintement Zodiacus
Curt cuntre le firmament,
Que planete ne vunt pas lent,
La nature des elemenz
E la nature des venz;
Li uns est en Oriente,
Li autres est en l'Occidente,
Akun vient en nñunt.
Seignur, pur Dié ne vous enoit!
Si vous ne cremise emuier
E desturber d'acun mester,
De quinze signes vous deïsse,
Einz qe partir me voïsse,
Tute la pure verité.
A akun de vous vendra a gré
A oïr la fine de ceste munde
Quant totes choses finirunt?
N'i ad home suz ciel tant felun,
Si ver Dieu ad ententioun,
Si m'escute vous a parler,
Qe ne vousist de ceo penser.

---

6 *Corr.* Que ne f. hom. — 10. *Suppl.* [a] *après* quanque. — 13 Muus, *corr.* Mues. — 15 *Corr.* F. quanqu'il deivent. — 16 *Corr.* gracient — 24-5 *Corr.* Cume Rolans alad juster | A Uliver. — 26 *Ms.* sernum. *Il y a ici trois vers sur la même rime. Aussi faut-il en fondre deux en un, et lire :* Qu'il ne fereit la passion. — 27 vyan, *corr.* ahan. — 30 *Corr.* Hé las chaitif. — 41 *C'est ici que commence, bien qu'un peu différemment, la leçon du ms. de l'Arsenal cité* ici, VI, 23. — 49 *Sic*; *Ars.* E li autres vers mienuit. — 51 *Ms.* enuoier. *A ce vers commencent plusieurs des copies de ce poème.*

Car quant ceo munde finira
Nostre Seignur signes fera.
Ceo nous cunte Jeremie,
Zerobabel e Helye,
De Babiloine Daniel,
Ben(e) l' aferme Ezechiel,
David, Amon e Moysès
E li tutes prophetes après. (*d*)
Un poi devant le jugement
Ou li felun serrunt dolent
Mustr[er]a Dieu sa poesté
En terre de sa majesté.
Qui voil oïr le merveille
Eaver qi rien ne s'aparaille
Adresse ses oez ; si me regard :
Jeo li dirra[i] devers quel part
Vendra la grant mesaventure
Que passera tute mesure.
Ore escutez de la jurnée
Qe tant par deit estre duté.
De ciel cheira pluvie senglaunt ;
Ne quide[z] pas que jeo [vos] [mente,
Tute tere [en] iert culurée :
Mult i avera aspre rosée.
Li enfant qi né nient serrunt
Dedenz les ventres crierunt
A cler[e] voiz, mult hautement :
« Merciez vous, Dieus omnipotent !
« Sire, nous querum ja mès nestre,
« Mes nous vaudreit nient a estre
« Que nasquisum a ceste jur
« Quant tute rien suffre dolur. »
Li enfanz plurunt isci
E dirrunt : « Duz Jhesu, merci ! »
Le primer [jur] tut iert iteles,
Mès li secunde iert plus males.
. . . .

Fin (fol. 113 *b*) :

Le quinzime signe vous dirrai,
Car de la dolur aukes sai
Qe li sires del ciel f[e]ra
Quant ces signes mustr[er]a :
Le noun q'il avera le vous dir- [rum :
Ceo sera consummacioun ;
E terre e ciel partut ardra
E a nient repeirera ;
La mer qe tut rien enclost(e)
E les ewes e tut li flot
Reperierunt tut a nient,
Come fu al commencement.
Idunc serrunt les voiz oï[e]z
En semblant de symphoni[e],
E dirrunt: « Oie ! vous pecche- [our, (*c*)
« Fuez trestuz, veez le jur
« Tut plein de mesaventure ! »
Dieu ne fist ceste creature,
Si se purpense de ses feez,
Qe jamès en sun cuer eit pès,
Idunc sunerunt les busines,
Dunt leverunt li mort a primes,
E resurdrunt [tres]tut li mort :
Chescun avera escrit sun sort.
E nostre seignur ref[e]rad
Ciel e tere qi defera ;
Puis descendra mult cruelment
Od les seinz al jugement.
Devant li assemblera
Tut le people q'il rechata
De sun precious(e) sanc el munde,
E bon e mal tut i serrunt.
Aïdez nous, seinte Marie.
Amen, amen chescun en die !

---

66 Hélie, *corr.* Isaïes. — 70 *Corr.* Tuit li autre p. — 77 *D'autres mss. ont* Dresse son chief *ou* son cuer. — 80 *Ms.* pallera. — 82 deit, *ms.* dreit. — 90 *Corr.* Merci roi D. — 92 *Corr.* Meuz.

223 *Les numéros des vers sont ceux du texte de Saint John's Coll. (ci-dessus* VIII, 314). — 236 *Corr.* semblance. — 239 *Les autres mss. portent* Trestot p. *ou* T. pl. de grant m. — 248 *Corr.* qe defet a.

Le reste de la colonne est rempli par un extrait dont les premiers mots sont : « *Aristoteles facit questionem in Naturis* : Quo cibo nutriatur in cor- « pore conceptus ? s. profecto sanguine menstruo... »

6. — La plainte d'Amour. — Voir sur ce remarquable poème, et sur les mss. qu'on en possède, *Romania*, XIII, 507. C'est un dialogue entre Amour et un prudhomme, comme l'explique un couplet d'introduction qui n'a été conservé que dans le ms. de Trinity College. Je donne quelques variantes destinées à faciliter l'intelligence du texte.

I Amour, Amour, ou estes vous ? [(*f.* 113 *d*)
— Certes en mult poi de luys,
Kar jeo ne es.
— E pur quei n'osez estre veu,
Vous qi estes si bien coneu
De bon los ?

II Jeo parlas a vous a leisir,
Si vous vensist a plesir,
Privement,
Pur saver moun la verité,
Pur quei estes reboté
De la gent.

III — Alas, alas ! ceo dit Amour,
Vous acrescez ma dolur
Par vostre dit.
Si jeo face a vous ma pleint
Jeo serrai las e tost ateint
Avant qe ei dit.

IV — Douce Amour, ne lessez pas
Ke vous ne me diez vostre cas
E vostre ennuy.
Dites, dites, jeo vous prie,
Pur quei estes revilie
En chescune luy.

V — Ore vous dirrai, ceo dit Amour,
Qe dire ne puisse ma dolour
Ne ma enchesoun :
Par mes enemis suis enchacé
Hors de vile e de cité
E hors de mesoun.

VI — Chere Amour, qui sount ceux
Qi sunt si hardi e si fous
A cele chace fere ?
En nos livres avom trovee
Qi par vous fist la Trinité
E cele e tere..

VII Vous feites Dieu a nous descendre,
Vous li priastes de char prendre,
E il vous graunta. (*f.* 114)
Par vostre prier voleit soffrir
Peine e dolur e puis morir,
E tous nous sauva.

VIII Ja ne est home qe seit sauvé
Si par vous ne seit amené
A sauvacioun,
Dunt me merveille durement
Qe trovée estes si relement
En chescune mesoun.

IX Jeo su alé sovent querant
La ou dusse estre menant
Par bone resoun,
Entre amis de bone linage
E entre clers e barnage,
En chescune seisoun.

26-7 *Trin.* ne p. sanz dolur | Ma e. — 48 *Trin.* dussez.

x Cum plus sovent vous vois quere,
Tant vous vei jeo plus retrere
Hors du païs.
Douce Amour, qi sunt si fous
Que vous enchacent? qe sunt ceus
Vos enemis?

xi — Pur ceo qe vous me avez
Beau frere, mes enemis [requis,
Vous voile desclore,
Mès jeo ne purrai tote la soume
De ma dolur a nul home
Parcunter ore.

xii Une prince est venu si fiere
E sa baner ad fet lever
Encuntre moy.
. . . .
. . . .
. . . .

xiii Soun noun est nomé Coveitise;
Par li ai perdu ma franchise
E sui enchac[i]e;
Ire e Orguille, ces deus barouns,
Vers moi sunt trop feluns
E mei unt plaïe.

xiv Soun chivaler mout renomé,
Sire Envie, ad bien juré, (*b*)
Si jeo returne,
Ke il me fra par graunt ire
Primes batre e puis occire,
Dunt jeo sui mourne.

xv Pur ceo vois jeo tapissaunt,
De liu en liu mendivaunt,
E ne sai qe dire.
Dunt jeo vous prie, douce frere,
Ne me grevez par priere
De plus dire.

xvi — Si frai, ceo sachez, douce
[Amour.
Vous me dirrez en ceste estour
Une autre chose:
S'il est veirs qe est escrit
Qe par la lectre nous est dit
E par la glose,

xvii Vous aviez jadis teu pouer
Qe nul vous pot cuntre ester
En ceste vie;
Pur quei ne priez vos amis
Qe il vous venge des enemis
Par curteisie?

xviii — Beau douce frere, bien avez
[dit,
E bien est veirs q'est escrit
De ma mestrie:
Jeo solai aver en ceste munde
De haut e bas e en roünde
Que ore est faillie.

xix Ceux qe volent qe feussse mestre
La sus en ciel [unt] pris leur estre
En bon seisoun;
Ore sunt venuz atres après
Qe ne me soeffrent vivre en pès
En nul mesoun.

xx E solai aver bele grace
En queors des gens e tant d'es-
Qe a moun pleisir [pace
Jeo porrai demorer e sejorner (*c*)
E moun sojourn bien garder,
Sanz departir.

70-2. *Les trois derniers vers de la strophe manquent. Les voici d'après Harl.* 273 (*ils sont moins corrects dans Trinity*):

Si m'ad engeté hors de terre
Et hors me tent par forte guerre;
Hore creez moy.

79 *Trin.* Un ch.

Or, dites-moi, dit le prudhomme, où est votre séjour. — Vous me trouverez dans les celiers ou dans les greniers, sous le blé. Si vous ne m'y trouvez pas, il faut me chercher dans la bourse. Là sûrement vous me trouverez solidement lié. D'autre fois encore je fais mon lit dans l'étable ou dans la porcherie. — Hélas ! cher Amour, c'est pour vous un bien vil séjour, vous qui jadis aviez coutume de siéger dans la salle. Amour énumère tristement les honneurs qui lui étaient rendus autrefois, lorsqu'il portait la croix et la mitre en sainte Eglise. Il y a là des strophes véritablement éloquentes :

XXX Od moi ala la pape a pié, (f. 114*d*)
Od moi sit le rei en see,
E vout jeuer ;
Par mei entra devant justice
Li povere home a sa devise
180 Sanz rien doner.

XXXI Jeo defendi ses taillages,
Jeo fiz rendre ses damages
A povre gens ;
Jeo fis crier les grans festes,
Jeo fiz chaunter les gestes
186 En moun temps.

XXXII Jeo fiz marier gentil femmes,
Sanz doner or ou riche gemmes,
Mult noblement ;
Mès ore ad fet mon enemi
Qe la chose n'est pas issi,
192 Mès autrement.

Mais Convoitise a enlevé à Amour sa franchise. Jadis Amour fondait des monastères et les dotait richement : maintenant, poussés par Convoitise, les barons reprennent les biens donnés par leurs ancêtres ; ils abusent du droit de gîte, ils enlèvent aux clercs leurs dîmes, ils donnent les églises à des séculiers et se moquent de nos sermons. Amour est allé se plaindre à Rome, mais, là, belle parole ni bonne renommée ne servent de rien, et il fut mis à la porte. Les rois sont bons, mais leurs conseillers sont mauvais. Amour a été emprisonné « En wapentak [1] et en conté | Par les baillifs ». Ses filles, Pitié, Verité, « Naturesce », Chasteté, sa sœur Humilité, ont disparu. L'ouvrage se termine ainsi :

CLIX Ore vous ai jeo fet ma pleinte
Dunt jeo su las e ateinte,
Jeo pri(e) repos(e), (*f.* 120)
Ja ne querez moun sojour
En ceo qe par reddure
954 Me ount forclos.

CLX Si me volez embracer,
Ne vous estut trop travailler
Pur mei querre :
Vous me troverez od Jhesu Crist ;
La est ma chambre e moun lit
960 Tut hors de guerre.

CLXI Jeo fu od lui sanz comencement
E serra[i] od li durablement
A touz jours.
Unkes creature ne fit
Qe par consaile nel fist,
966 Par ces douces coveres.

---

1. Division territoriale dont le sens varie selon les textes ; ici il s'agit probablement du *hundred*, subdivision du comté.

953 *Corr.* Entre cels. — 965 *Corr.* p. [mon] c. n. feïst. — 966 *Corr.* P. sa douçour.

CLXII En ciel ne en terre ne en mer(e)
De mei ne pount celer(e)
Nul rien.
Od lui vendrai au drein jour
Pur fere a ceuz grant honur
Qe me unt fet bien.

CLXIII Tuz ceux qe me unt revilié
E me veilleunt crier merci
L'en comperount;
Ire e Orgille mes enemys
E Coveitise lur chiers amis
Me vengerount.

CLXIV Tuz les autres qe me unt receu
A la court lur ert rendu
Mult hautement;
En la court le rei celestre
Jeo lur frai sires e mestre
Durablement.

CLXV — Trés chier Amour, jeo vous [requier
Qe od mei voillez herbeger,
Sans departer.
Jeo prie Jhesu le fiz Marie
Qe vous me doygne en compai- [gnie (b)
A mon departer.

Amen, Amen, Amen.

7. — Les prophéties de Merlin, en prose, concernant Henri III et ses successeurs. — Cette prophétie, probablement imaginée sous Edouard I, se rencontre fréquemment dans les mss.; voy. Ward, *Catal. of romances*, I, 300, 308, 309, et Duffus Hardy, *Descript. Catal.*, III, n° 330.

(Fol. 120 *b*) *Ici comence alcuns de les propheties e des merveilles qe Merlin dit en soun temps de Engleterre, e des reis qe unt esté puis le temps le rei Henri le derein qe nasquist a Wincestre e de euz qe serrunt pur tuz jours mès en Engleterre, de lur aventures queuz il serrunt, bons ou mauveis, moles ou dures.*

Un aignel vendra hors qe avera blaunche laung e leveres veritables, e avera escrit en sun queor seinteté. Cel aignel fra une mesoun deu Westm. qe serra de bele veue, mès ele ne serra parfest en soun temps. En la fin de soun regne vendra une lowe de estraunge terre...

Fin (fol. 121 *b*) :

E si serra tost après ceo terre de conqueste, e si fuierunt les heires de Engleterre hors de lur heritage. Alas! Alas! Alas!

Le reste de la page est occupé : 1° par un morceau sur le parjure : « *De perjurio*, Qui jurat super librum tria facit : primo ponit manum super librum... » 2° par des sentences : « *Proverbia*. Meliora sunt vulnera corrigentis quam oscula blandientis... »

8. — Poème anglais sur la Passion dont on a d'autres copies.

Herkinith alle, ihc [1] volle you telle (*f.* 122 *a*)
Of muchè pitie in mi spelle...

---

968 *Corr.* Unkes de moi ne vout (*ms. de Trinity*). — 980 *Corr.* A la cunt (*Trin.*) — 987 *Corr.* S. returner (*Trin.*).

1. *The* (!) dans le catalogue imprimé.

8. — Le « Miroir » ou « les evangiles des domeés », par ROBERT DE GRETHAM. — Poème de plus de 20,000 vers dont l'objet est de mettre à la portée du public laïque les évangiles de chaque semaine avec leur exposition. Ce long ouvrage ne peut prétendre à beaucoup d'originalité. Il est, selon toute apparence, entièrement traduit du latin. Toutefois ce n'est pas la traduction d'un seul et unique livre écrit en latin. C'est une compilation dont les éléments ont été recueillis en des livres divers. Les indications que l'auteur donne (vv. 69 et suiv.) permettent de lui faire crédit d'une certaine originalité, au moins en ce qui concerne le choix des matériaux. Autant qu'il m'a paru, le plus grand nombre des exemples cités à l'appui des explications des évangiles sont empruntés à saint Grégoire, mais d'autres sont tirés de sources plus proprement anglaises. Je citerai notamment la curieuse rédaction de la vision de saint Furseus qui sera imprimée plus loin.

L'auteur nous a fait connaître son nom et son surnom à la fin de son œuvre : il s'appelait Robert de Gretham, et s'il s'est nommé, ce n'est certes pas par un vain désir de gloire littéraire, car il parle de son œuvre avec la plus grande modestie[1], c'est simplement, comme Pierre de Peckham et comme plusieurs autres, pour avoir part aux prières de ses lecteurs. Il y a Greetham en Lincolnshire et Rutland, Greatham en Durham, Hampshire et Sussex. Je n'ai pas le moyen de faire un choix entre ces divers lieux.

Robert dédie son œuvre à une certaine dame Aline sur laquelle je ne possède aucun renseignement. Il existe, dans la littérature anglo-normande, un poème qui n'est pas sans quelque analogie avec notre *Miroir*, c'est le *Corset*, œuvre de théologie à l'usage des laïques dont le seul exemplaire connu se trouve dans le ms. Douce 210 de la Bodléienne[2]. C'est un exemplaire incomplet, le ms. offrant diverses lacunes. Nous savons toutefois, par le début qui nous a été conservé, que le *Corset* a été dédié à un certain Alain par son chapelain Robert. Il m'a semblé, lorsque j'ai rédigé la notice du ms. Douce 210, et il me semble encore, que Robert auteur du *Corset* et Robert de Gretham auteur du *Miroir* pourraient bien être un seul et même personnage. Les deux poèmes sont sensiblement de la même époque, du milieu du XIIIe siècle environ ; la langue et la versification, autant que j'en puis juger par une étude sommaire, ne diffèrent guère, et à la coïncidence du nom, Robert, se joint

1. Voy. vv. 97 et suiv.
2. Voy. *Bulletin de la Soc. des anciens textes français*, 1880, p. 62.

cette autre coïncidence que les deux poèmes débutent à peu près de même :

MIROIR :	CORSET :
A sa t'es chiere dame Aline	A on té hier seignor Alain
Saluz en la vertu divine.	De part Robert son chapelain
	Salutz el fitz sainte Marie.

Il ne me paraît pas improbable qu'Aline ait été la femme d'Alain. L'usage de donner à la femme le nom de son mari, avec une terminaison féminine, est attesté au XIIIe siècle et en Angleterre (en France aussi du reste) par de nombreux exemples. La fille de Guillaume le Maréchal, Mathilde, mariée à Huges Bigot, est appelée *la Bigote* dans le poème consacré à la mémoire de son père.

Nous savons par le début du *Corset,* que le seigneur Alain aimait à entendre « la leçon divine ». Malheureusement, il ne savait pas le latin, et c'est pour le mettre à même de se faire lire de la théologie en français que son chapelain dut lui composer le traité qu'il a nommé *Corset.* Dame Aline ne savait pas le latin non plus, mais, à la différence d'Alain (que celui-ci ait été ou non son époux), elle se plaisait surtout à lire ou à entendre des « chansons de geste et d'histoire ». Tout cela, dit le sage Robert de Gretham, n'est que vanité et mensonge. Pour une bonne parole il y en a beaucoup de mauvaises, et la vérité, quand elle apparaît, ne sert qu'à faire passer la fausseté. Il ne faut pas croire tout ce qu'on dit ni tout ce qu'on écrit. Et comme exemples de récits visiblement controuvés l'auteur cite la chanson de Mainet et quelques autres qu'il n'est pas facile d'identifier, le texte étant assez corrompu. On remarquera la mention de la chanson de l'orphelin Sansonet (v. 30) qui ne nous est pas parvenue, mais dont une chronique française nous a conservé le résumé[1].

Comme d'autres poètes français d'Angleterre, Robert de Gretham se permet de temps à autre de donner la même rime à quatre vers consécutifs, mais ce qui est plus singulier, c'est qu'au début de son ouvrage, après le prologue il a écrit trente-cinq vers sur la rime *é*, ne distinguant pas, cela va sans dire, *ié* de *é*.

L'ouvrage est complet, dans notre ms., sauf une lacune produite par l'enlèvement d'un feuillet entre les ff. 252 et 253. Un second exemplaire, apparemment un peu plus ancien, mais auquel manquent les premiers et les derniers feuillets, est conservé au Musée britannique, add. 26773.

1. Bibl. nat. fr. 5003, fol. 101 v°; voy. G. Paris, *Hist. poétique de Charlemagne*, p. 403. J'ai trouvé de cette même chronique un autre ms. à la Laurentienne.

Acquis par le Musée en 1865, ce ms. avait figuré sucessivement dans un catalogue Techener, à prix marqués, en 1862, où il était bien indûment attribué au XIIe siècle (il est de la fin du XIIIe) et dans une des ventes faites par Libri, celle de 1864. Il a été l'objet, dans le t. I de la *Zeitschrift f. romanische Philologie*, d'une notice fort imparfaite, qui a été appréciée ici même (*Romania*, VII, 345).

Il y a quarante ans, la bibliothèque de Trinity College, Cambridge, possédait du même ouvrage un troisième exemplaire. En effet Th. Wright, traitant de la vision de saint Furseus, dans son livre sur le Purgatoire de saint Patrick publié en 1844 (*Saint Patrick's Purgatory*, p. 11) dit l'avoir rencontrée « among some french metrical saints' legends, in a « Ms. in the library of Trin. Coll. Camb., marked B. 14. 39, of the « end of the twelfth or beginning of the thirteenth century ». Et il en cite vingt et un vers qui tous se retrouvent dans le récit relatif à saint Furseus tel qu'on le lira plus loin d'après les deux autres mss. Ce ms., qui est celui même d'après lequel Hickes a publié dans son *Thesaurus* (1705) une ancienne vie anglaise de sainte Marguerite et cité quelques vers de la vie de saint Nicolas de Wace et du traité de Gautier de Biblesworth, a disparu peu après 1844. J'en parlerai avec plus de détail lorsque je décrirai les manuscrits français de Trinity College, et peut-être d'ici là aura-t-il reparu, car celui qui l'a emprunté irrégulièrement il y a quelque quarante ans ne l'a pas vendu et ne peut espérer en jouir encore pendant de longues années.

Il existe sous ce titre « Les évangiles des domées et des saints de tout l'an », un ouvrage en prose, apparemment composé au milieu du XIVe siècle, et dont l'objet est le même que celui du poème de Robert de Gretham[1], mais qui en est tout à fait indépendant.

A sa trechiere dame Aline (*f.* 135)
Saluz en la vertu divine.
Ma dame, bien l'ai oï dire
Que mult amez oïr et lire
Chaunsçun de geste e d'estorie,
E mult mettez la memorie ;
Mès bien voille qe vous le sachez,
Qe ceo est plus que vanitez,
Qe ceo n'est rien for contrevure
E folie de vaine cure.
Si l'em i trove un bone respit,
Tut l'autre waüdra mut petit.
Ceo est en veir le tripot
De chescun qe mentir vout :
Pur plus s'entremet mentir
Aucune rien dit a pleisir,
E dite aucune verité
Pur fer oïr sa fauseté.

---

1 Bibl. nat. nos 908 et 1765 ; voy. sur le premier de ces mss., P. Paris, *Manuscrits françois*, VII, 223, et sur le second, S. Berger, *La Bible française au moyen âge*, pp. 223, 347.

Ceo n'est pas chose creable
Qe tut seit veir quanque dit fable,
Nun est ceo veir quanqe est escrit
De estorie qe home chant e lit;
Qe cil qe chaunçun contreverent
Sulum lur quiders les furmerent;
E l'em dit en prover pur veir
Qe quider n'est pas saveir[1].
Veez si ceo peut estre veir
Qe nuls enfes out tel pouer
Cum dit la chaunsçun de Mais-
U cel orphanin Samsmeth? [neth
U de la geste de Emeristane,
U de bon message Balaane?
Veez les autres aisement:
N'i ad cele qe trop ne ment.
Ore sei jeo qe tut seit verité,
Si est, pur aucune vanité,
Deliz escriz oïr e entendre
U l'alme put nul bien aprendre.
De quanqe a l'alme ne seit bien
De vaunt de fet nul rien. [(b)
Cil trop laidement se sert
Ke Dieu pur nul rien pert;
E Dieu mult [plest?] de sun servant
K'il seit a lui tut atendaunt.
Tut veut que seit a lui turné
Quanqe il ad a checune doné.
Il nous ad doné cors e alme,
Veer, parler, sens e oïe,
Entente, menbres e corage,
Tut pur nous garder de damage.
Nus eimes tuz ses despensers
Pur lui servir de ses mesters.
Si nous a gré bien le servum
Cent double en ert le gueredoun;
E qi mesfait a escient
Mult en ert dur(e) le vengement.
E pur ceo qe nus eime encé (*sic*),
Tolir nous veut de vanité,
Que nus lui puissums rendre en
[bien
Quanqe il demande a cristien.
Pur ceo ai fet cest escrit,
Sur le purrez lire a grant delit,
Ou nul rien ne troverez
Dunt Jhesu ne seit paiez,
Dunt l'alme ne seit conforter
E la char de maus desturner.
Quant vous prendra cele cure,
Treez avant ceste escripture:
Les evangeliz i verrez
Mult proprement enromauncez,
E puis les esposicioms
Brevement sulum les sens espuns,
Qe, sachez, n'i ad mot dit
Qe les seinz n'eient escrit.
Jeo l'ai excepé e estrait
Des escriz qe sainz unt fait. [(c)
Point de latine mettre ne voille
Qe ceo resemblereit (a) orgoille;
Orgoile resemble verreiment
Ceo dire a autre qui n'entent,
E si est ceo grant folie
A lai parler latinerie.
Cil s'entremet(te) de fol(e) mestier
Qi vers la[i] vout latin parler;
Chescun deit estre a resoun mis
Par la langage dunt (il) est apris.

Ore vous prie, chiere dame Aline,
Pur Dieu a qi le munde encline,
Qe vous preez devoutement
Qe Deus me doint entendement,
De si traire e de si escriv(e)re
Q'il me pardoint pecché e ire,
Ke leaument sachez de fie
Qe en vos preers mult [m'] afie;
Qe bien le sai qe ob bon entent
Deu s'abandoune en present.

---

26 « Cuidiers fu un sos ». *Le Roux de Lincy*, Livre des Prov. II, 489. — 30 *Corr.* U del o. Sansoneth. — 32 *Balan, dans* Aspremont. — 35 *Corr.* Or seit ceo? — 38 *Corr.* U l'em ne p.? — 40 *Corrompu?* — 47-8 *Les rimes indiquent une lacune entre ces deux vers.* — 62 Sur, *corr.* Vus? — 65-6 *Corr.* confortée, desturnée.

Si rien i ad a amender,
U del fraunceis u del rimer,
Nel tenés pas a mesprisoun,
Mès bien gardez la raisoun.
Deus n'entent pas al beau dit
Cum il fet al bon espirit.
Meus vaut veir dire par rustie
Qe mesprendre par curteisie;
Quanqe s'acorde a verité
Tut est bien dit devant Dé.
Dame, ne vous en merveillez
Qe les cutis (?) ai abreggez:
Jeo face pur vous ennui tolir,
E de lire doner desir;
Kar trop purra tost ennuier.
L'em s'ennuie de bon chaunter,
E par ennui poet l'em lasser
La rien qe plus tost peut aider.
Par ennui pert l'em sovent (*d*)
La ren qe plus serreit a talent.
Nepurquant, si tuz nous pusse [vivre
E sanz nule entrelès escrivre,
E eusse la buche fermé[e]
E la lange assermé[e],
E eusse trestut le saver
Quanqe nul home peut aver
Ne purra la moité dire
De ceo qe apent ma matire.
Mais meutz voil dire aucune chose
De Dieu qe tenir bouche close,
Qe sovent par bon petit dite
Tresaut le cors en graunt delite.
Mun noun ne voil uncore nomer
Pur les envius rehercer,
Q'il ne toillent a nous le bien
Dunt il ne voilent oïr rien,
Qe custume est as envius
Qe grussus sunt e enuius;
Trestuz despisent autri dis
E purventent les bons escriz.
E ceo cuntent a grant delit
Qu'il unt en resprence (*sic*), en [escrit,
Qe lessent d'autres blamer
Quen ses cum pur sei amender (?)
Li fel se quide anienter (?)
Par le prudume deprimer.

Ceste livre *Mirour* ad noun;
Ore oiez par quel raisoun:
Par le mirour seit l'em defors,
E par cest escrit alme e cors.
Le mirour moust[r]e le[s] mespri[ses
E les choses mesassises,
E cist mustre en verité
Quanqe home ad mespris envers [Dé.
Li mirour moustre adressement
De vis, de cors, de vestiment,
E cist adresce, ceo sachez, (*f.* 136)
Pensers e diz e voluntez;
E mirurs est pur enseigner
Coment li home se deit atiffer,
E cist enseingne verreiment
De vertuz tut l'entiffement.
Li mirurs quant al siecle en veir
Fet les femmes beles aparer,
Qe plus scient coveitez
Quant belement sunt acemées,
E cist demustre la beauté
Qe Jhesus aime en lieauté,
E fait les almes adrescer
Qe Dieus les voille amender.
Li mirurs sul le cors aturne,
Mès cist cors e alme ahurne;
Pur ceo est li mirurs a dreit
Qe tuz maus oste e tut biens feit.

Ore prie chescun(e) qe out e veit
Qu'il prie pur celi qi l'ad feit

---

111 *Ms.* Par... enuiner. *Cf. la même idée dans le* Corset, *Bulletin des anc. textes*, 180, p. 66. — 112 *Ms.* sen ume. *C'est un proverbe bien connu:* Beau chanter enuie, *Le Roux de Lincy*, Livre des Prov. II, 247. — 117 *Corr.* tuz jurs? — 123 *Corr.* purroie. — 130 envius *ms.* emmns. — 136 *Corr.* purvertent? — 145 seit, *corr.* veit?

E mette en perdurable vie,
E Dieu li pardoint sa folie.
Li prologes fet ici sujur.
Ore regardés al mirur:
Tut i verrez vostre figure,
Vostre netesce e vostre ordure.
Si bien regardez, tut verrez
Cum vous en Dieu vous attiffez.
Deus vous doint issi esgarder,
Eissi nos almes attiffer
Qe Dieus les voille coveiter,
E od lui puissums sanz fin regner.
. . . .
. . . .
. . . .
Dunt jeo, pur tuz amonester
Ke en Deu se volent chastier,
Enpris ai pur Dieu cest escrist
U chescun purra aver delit
Lire e oïr overtement
Iceo qu'en Dieu a lui apent:
Cument li clers deit sermuner
E sei meimes en Dieu garder,
Coment li lais deit bien oïr
E sun doctur en Dieu cherir,
E coment tuz uniement
Frunt le Dieu comandement,
E quel merite cil averunt [(*f.* 137*d*)
Ke Deu de bon quer servirunt.
Les evangelies de donmées
Ai en fraunceis translaté[e]s
E des festes as seinz partie
Pur mustrer a chescun sa vie
Coment deit ensample prendre,
De seinz pur sa alme a Dieu [rendre,
Kar après chescun[e] lessçun
Ki ad del evangile noun
Ai mis del exposicioun
Un poi pur mustrer la reisun,
Ke l'em le evangile puisse entendre
A les nun lettrés bien aprendre.
E chascun ke seit lettrure
E de fraunceis la parlure
Lire i poet pur sei amender
E pur autris endoctriner.
Bien sai qe tant est grant la materie
Ke ne pus a tut suffire,
Mais meuz vaut parti tucher
Pur mei e autres amender
Qe tresor Deu enfuïr
En tere, par del tut tasir.
E jeo l'ai fet tut autresi
Cum cil ke passe pré florie:
De tutes les flurs ad talent,
Mes tutes coillir ne poet nent:
Tutes aüne et tutes espie
E puis aprent une partie;
Ausi coil jeo en ceste escrit
Ce qe hom poet lire a delit,
E qi mustre suffisanment
A chescun ceo qe a lui apent.
Nel fas pas par losangerie, (*f.* 138)
Par orguil ne par surquidrie,
Ne pur l'onur de ceste vie,
Ne pur mustrer ma clergie:
Autre loer ne quer prendre
Ke sul Deu ke puet tut rendre,
E preers e oreisuns
De ces qe orrunt les lessçuns;
Car jeo le face pur moi aquiter
E cors e alme d'encumbrer
De la folie qe ai parlé
E del bien qe ai entrelassé,
Qe cest escrit seit parfaisaunt
Quanqe ai mesfet en mon vivant.
Si li autre finist sa vie,
Bone escrit ne poet finir mie;
Quant il mort e porriz serra,
Mès l'escrit pur lui parlera,
E pur celui nomement
Ki en cest diz sul Deu entent,

---

175 *Ms.* sunir? — 199 donmées, *ms.* romuées. — 210 A, *corr.* E. — 226 *Corr.* en prent. — 240 *Corr.* descumbrer. — 245 *Corr.* Si li home? *ou est-ce le cas sujet d'*auctor?

Escrit pur tuz enseigner
De fer bien e mal lessier.
Seint Pol le dist pur verité :
Jammès ne charra charité,
Nu fra ovre verrement
Dunt charité est fundament;
E li escriz qi serra faiz
Pur tuz tolir mortels laiz,
Quant [est] purement fet en Dé,
Dunt ceo est dreit charité.
. . . .
. . . .
Ore prie trestuz ceux que orrunt
Icest escrit u que le lirrunt
Qe il prient Deu omnipotent (*f.* 139)
Qe il de tuz maus me defent,
E doint ceste ovre issi parfere
Ke en droit fei le puisse trere,
E puz le curs de ceste vie
Od seinz estre en sa baillie.
Car ceste ovre face verement
Pur mei et pur tute gent.
Tuz nen ont pas tute escripture
Ne tuz n'entendent pas lettrure;
Teus les evangeles out e lit
Ke il n'entendent pas quanqe il [dit,
E pur tuz faire e tuz entendre
En Deu, osai cest ovre enprendre,
Ke tuz oient overtement
Ceo qe le evangeile lur aprent;
E tuz veient en ceste escrit
Ceo qe le latin espant e dit.
Pur nient aillur travaillerunt:
Suffisanment ici l'orrunt.
Jeo nel di pas as clers lettrez
Ke sunt en seinz escriz fundez,
Mès as autres meinz entendans
Cum jeo sui meimes e asquans,
Ke ne poūm tut ènsercher.
Mès a pein[e] le frut parer.
Dunt jeo communement tuz pri
Ke le orrunt e lirrunt ausi
Qe il mettent amendeisum
Si rien i ad de mesprisun.

Ore prie jeo de quer parfunt
Tuz iceus qe cest escrit averunt
Qe il le prestent a delivre
A tuz ceus qi le vodrunt escrivre.
. . . .
. . . .

DOMINICA PRIMA ADVENTUS DOMINI. EVANGELIUM SECUNDUM MATHEUM (f. 139 *c*).

Cum appropinquasset Jhesus Jerosolimis et venisset Bethfage[1], *etc.*

Jhesus vint près d'une cité
Qui Jerusalem est apelé.
E quant il vint a Bethfagé
Qi est al Munt de Olivé,
Dunt ad des sens deus apelé :
« Alez » fet il « en la cité
« Al chastel cuntre vous levé :
« Une asnesse i ad lié,
« E sun asnun li est al pé.
« Quant les averés deslié,
« Tantost me seient amené.
« Si nuls vous ad demaundé,
« Dites q'il est li surs a gré,
« Mester en ad sa volunté ; (*d*)
« Cil vous averat tantost lessé. »
Icest feit ad aveiré
Ceo que fut einz prophetisé :
« La fille Syon seit nuncié
« Tis reis vient en peisibilté,
« Sur un asne ad fet sun sé,
« E sur le fiz al suzjugé ».
Li disciple s'en sunt alé;
Fet unt cum lur est comaundé,
La asnesse e le asnun unt mené

---

254 I CORR. XIII, 8. — 280 *Corr.*, espaut *ou* espont; *cf.* 337. — 295 le, *ms.* se. — 309 li surs, *corr.* le sire? — 317 « et super pullum filium subjugalis. » MATTH. XXI, 5.

1. MATTH. XXI, 1.

E sur eus unt lur dras getté,
Puis unt Jhesum en sun munté
E si sunt en la cité entré.
Li serjaunt a la gent Ebré
Encuntre lui s'en sunt alé;
Lur dras al chemin unt getté,
Plusurs unt arbres deramé,
Si unt le chemin estrainé;
De tut pars unt crié,
Cil devant e cil detré :
« Osanna soit al fiz, de gré,
« Beneit qui vient el munde ! »
Ore avez oï la lessçun,
Ore oiez la interpretacioun,
Qui Dieu nus doint sa beneicun
E de nos pechez face pardoun !
Cist nun Jhesus espont « saveur »
Qui nus sauva par sa dusçur,
E Jerusalem iceste noun
Espant de peiz la visioun :
« Meisun de buche » est Bethfagé,
« Misericorde » est Olivé.
. . . .

La vision de saint Furseus, dont j'ai dit un mot plus haut, prend place au deuxième dimanche après Pâques. On sait que ce récit a été incorporé par Bède dans son *Historia ecclesiastica* (III, XIX). On consultera utilement sur l'histoire de cette légende les notes de l'édition que M. le professeur J.-B. Mayor a donné des livres III et IV de Bède (Cambridge 1878), comme aussi Th. Wright, *Saint Patrick's Purgatory* (London 1844), p. 7-11, et A. d'Ancona, *I precursori di Dante* (Firenze, 1874), p. 40-1. Voici le texte de notre ms. accompagné des variantes du ms. de Londres et, pour les vers cités par Wright, du ms. de Trinity College aujourd'hui en déficit.

Dunt il avint jadis a un prestre
Qui en Knanisburch esteit mestre,
Quant lunges i out conversé
Si se est encuntre lit cuché;
E quant il quida devier
Devant lui vint un bacheler.
La main li tendi, si li dist :
« Vien t'en od mai », e il si fist.
U ne voisist u ne deingnast,
Convint lui qe ovek lui alast.
En plusurs lius si le mena
E mut des choses si lui mustra;
D'enfern li mustra le parfund
E les peines qe illeoques sunt,
E puis le mena vers le ciel
U il vist e truva tut el;
Mès quant al ciel aprocerent
En l'eir un feu mult grant i tro[verent.
Ly feus ert merveille grant
E mult orrible e mut ardaunt.
Li guiurs i est lors entrés (*f.* 191)
E li prestres se est arestés.
Ens al feu li guiurs ala,
Mès unqes le feu nel tucha.

---

328 *On pourrait corriger* estramé, *mais il y a des ex. d'*estrayner, *voy. le dict. de M. Godefroy.* — 235 *Corr.* Que. — 340 *Corr.* espaut *ou* espont.

Variantes du ms. de Londres (*L.*), *fol.* 53-4, *et pour les vers* 1-6 *et* 46-60, *du ms. de Tr. Coll. d'après Wright.* — 2 *L.* de Gnaresbure; *Tr.* Ke de Canterbury ert m. *Cette dernière leçon ne vaut rien. Il y a dans Bede* (III, XIX) Cnobheresburg, *qui est actuellement* Burgh Castle, *en Suffolk.* — 11 *L.* E en p. l. l'amena, — 12 *L.* E multes ch. l. m. — 18 *L.* un g. feu mult t. — 21 *L.* g. e. lores e. — 23 *L.* el f. li g. entra. — 24 *L.* unks... ne le.

Atant regarda il le prestre,
Si li dist : « Vien avant, mestre ;
« Ja de cest fue ne te ert le pis,
« Fors sulement de tant cum tu [as mespris :
« Tant arderas en iceste feue
« Cum tu as prise nient rendue. »
Mult envis e mut pensis
Li prestres eins al feu s'est mis ;
Li feu de tute pars esteit,
Mès unqes point ne l'adeseit ;
Tuit cel feu vist il repleni
D'almes ardant od grant cri ;
E li diables les turmentoient
E l'un sur l'autre od crocs moient ;
Od crocs ardans, mès fermes erent,
Les almes tut sanz merci getoient :
Nul n'estoet pas par sei several,
Mès chescun ert a autri mal ;
Checun ert a autri peine ;
Si crioient a dure alaine.
Del crie, del plur, del guayement
Ert li prestres en grant turment ;
Quant il vint el feu ben avant,
Es vus un diable a fort curant,
Les oiles ardans mut roelant
E de la buche eschivout ;
Un alme ardant en son croc tint
E vers le prestre ad grant curs [vint,
E criout fort en sun eslais :
« Di va l prestre fel maveis,
« Pren celui qe tu as tué ! »
Si ad l'alme sur lui rué. (b)
L'alme descendi sur le prestre,
E si lui art li espaule destre.
L'arsun tant mal lui feseit,
Ce lui ert vis qe morir deveit,
Qe de arsun, qe des espuntailles.
La quida remeindre sanz faille.
Al chief del tur mut haut s'escrie
E de sun guiur demande aïe ;
E il lui dist : « Ne vous damez ;
« Tant arderez cum pris avez,
« Pos a vous deis que en cest feu
« Ardreit ceo qe n'est rendu.
« Ore veez si vous cunoissez
« Cestui par qui vous ardez. »
E li prestres respundi atant :
« Jeo le cunusse a ma peine grant
« De lui oi a sun moriant
« Une chape, mès par sunt grant ;
« Mais puis ne lui n'ai rendu tant
« Cum jeo lui lui en covenant.
« E sachez qe par ubliance
« L'ai fet, e nient de voillance. »
Dunc ad l'angle l'alme pris,
En le feu l'ad arere mis ;
L'espaule al prestre lors tucha,
E la dolur del feu en osta.
Par mi le feu l'ad amené
E del ciel lui ad mut mustré.
La glorie lui mustra en veir
Tant cum dust a home saveir
E puis l'ad conduit a sun cors.
E li prestres vesqui lors
Ke trestuz qe al cors erent

---

26 *L.* Venz a. dan m.— 28 *L.* F. sul. — 31 *L.* e m. est p. — 33 *L.* tutes parz. — 35 *L. omet* il. — 36 *L.* ardantes. — 38 *L.* cros ruouent. — 39 *L.* m. de fer erent. — 41 *L. omet* pas. — 43 *L.* Ch. esteit. — 44 *L.* crierent a dur. — 48 *Trin. Coll.* vint f. c. — 49 *corr.* roelout, *leçon de L.*; *Tr. Coll. a* roilant *et au v. suivant* eschivant. — 49 *L.* eschumout. — 51-2 *L.* tient-vent. — 52 *Tr. omet* ad. — 54 *L.* traitre, *Tr.* treiturs. — 57 *Tr.* descent. — 58 *L.* li arst le e. ; *Tr.* li ard la paume ; *Bède :* humerum maxillamque ejus incenderunt. — 59 *L.* L'a. ad fet mal li f. ; *Tr.* Li a. ke ad feit mal li f. — 60 *L.* Ceo li e. v. m. d. ; *Tr.* Ceo li fu v. m. d. — 61 *L.* Ke d'espuntaille. — 64 *L.* A sun seignur d. — 65 *L.* v. tamez. — 68 *L.* Ardera. — 71 *L.* respunt a. — 72 *L.* Jcl cuneis. — 75 *L.* [J]amès p. ne l. ai. — 77 *L.* c'est u. — 80 *L.* E el fu ad.— 82 *L. omet* en. — 83 *L.* l'ad puis. — 85 *L.* La g. del ciel li. — 86 *L.* c. il sist a. — 89 *L.* Kar t. cil ki.

Par treis jours a mort le quiderent;
E puis vesquist il lungement
92 E se cuntint mult seintement, (c)
Mès l'arsun qu'il el feu resust
A tut dis al cors lui aparust;
Mien scient Deu vout ceo fere
96 Qe l'em ne deust pas mescrere.
E sun vivant le amenda issi
Qe ore est apelee seint Furci.

L'ouvrage se termine ainsi (fol. 261 *a*) :

Pur ceo, seignurs, pur amur Dé,
Si ben volum estre sauvé
De fluxiun de nostre charnage,
Turnum a Deu nostre curage,
Turnum a lui nostre espirit
En penser, en fet e en dit;
Si nostre penser sulement
Ceo coveit[e] qe a Deu apent,
Certes, la char tost revendra
A Jhesum ke se ameisera.
La char ne ad force ne valur
Fors par l'espirit le sur (*sic*).
Ki l'espirit tent ben en Dé
Mar duterat la charnalté.
Deu nous doint issi en lui tenir, (*b*)
En lui vivre en lui garir
Ke sanz espiritel damage
Lui puissum servir en charnage,
Si veir cum ceste sana
E a la fille al prince vie dona.
Ici finent les domenées
Brevement espus [e] endité[e]s.
Ore prie tuz ke les oient e dient
Ke il pur ROBERT DE GRETHAM prient
Ki Deu meintenge si sa vie,
Ki par li seit en sa baillie.
Amen, amen chescun en die !

10.— Les psaumes de la pénitence traduits en vers. — Version qui a été très répandue, non seulement en France, où elle a été composée, mais en Angleterre[1]. Du *Miserere* on possède une autre traduction, également en vers, dont un extrait a été publié dans le Bulletin de la Société des anciens Textes, 1881, p. 51.

Hic incipiunt vij. psalmi penitencie (f. 261 *b*).

« *Domine ne in furore tuo, etc.* » [Ps. VI]

Deu, en tes vengemens ne me pernez, sire !
En cest siecle present si me chastiez sanz ire;
Eez merci de mei, si me donez saunctě,
E par ta seinte lei me menz a savetě.

La mei alme est trublé e poy de senz i ay.

. . . .

Gloria Patri. Beati quorum [XXXI]

Benurez set ciel (*sic*) a ki ad Deu perdonez

---

92 *L.* Si se c. m. sagement. — 93 *L.* al f. — 95 *L.* Men exient Deus le v. f. — 97 *L.* En s. v. se a.

1. Voy. *Romania*, VI, 19 et XIII, 238, note 3.

Le pechez qe il ad fet e les desleutez.

. . . .

Domine ne in furore [XXXVII]. (v°)

Deu, en tes vengemenz ne me repernez, sire!
En ceo siecle present si me chastiez sanz ire
De tes digne setes as mun quor feru
E pur ceo par ta main ben avera salu.

. . . .

Miserere mei Deus [L]. (f. 262).

Deu, eez merci de mei a ki tut ben se acorde,
Eez merci de mei par ta misericorde.

. . . .

Domine exaudi [CI]. (v°)

Deu, oiez ma oreisun e entendez ma clamur,
Entendez ma reisun e me donez ta amur.

. . . .

De profundis [CXXIX]. (f. 263 v°).

De grant profunde crie a la hautesce;
Receive ma voiz en gré, si me aïe e dresse.

. . . .

Domine exaudi [CXLII].

Deu, oiez ma oreisun e la recevez en gré
E me otriez pardoun sulum ta verité.

. . . .

11. — *Ave Maria* paraphrasé. — Un couplet pour chacun des mots de la salutation angélique : *Ave Maria gratia plena. Dominus tecum. Benedicta tu in mulieribus, et benedictus fructus ventris tui. Amen.* Les pièces de ce genre sont nombreuses ; voy. le Bulletin de la Société des anciens Textes, 1881, p. 49, et Suchier, *Denkmæler provenzalischer Literatur*, I, 284.

Ave très duce Marie, *ave* gloriouse, (*f.* 264)
Ave ros espani[e], *ave* preciouse,
Ave freche flour flori[e], *ave* graciouse,
Ave fonteingne de aïe, *ave* plentivouse.

Maria, esteile de mere estes appellé;
La lune, le soleil cler de vous est alumé.
Requerez tun trecher fiz [1], mere benuré,
Que m'alme doint si guverner qe en ciel eit le entré.

. . . .

1. *On pourrait corriger, en vue de la rime intérieure,* tun fiz trecher.

12. — Les cinq joies de Notre Dame. — Ce sujet a été traité au moins cinq fois en vers français, notamment par Gautier de Coinci[1]. Ici comme dans un texte en prose conservé dans le ms. Digby 86 (Bodleienne)[2], la prière des cinq joies est attribuée à l'évêque de Paris, Maurice de Sully († 1196). La pièce qui suit a certainement un Anglais pour auteur. Je n'en connais pas d'autre copie.

De les cinc joies Nostre Dame (f. 265 *a*).

Vous ke Nostre Dame amez,
A ceste oreisun bien entendez.
Nostre Dame lui mult ama,
A seint(e) Maurice les envea
Ke fu eveske de Paris,
Qe de lui servir se out entremis.
Par sun message lui charga
E lui dist e lui comanda
Ke au people le deïst
E enseignast e en apreïst :
[Ki] chescun jour les direit
E devoutement le chantereit,
En l'onurance de les cink joies
Qe ele out bien verroiz,
Sun cher fiz qe ele ama
De s'amur lui guerdonera ;
Ja en ceste siecle ne serra enledi
Ne enginné de l'enemi,
Ne en peché criminal
Ne perdera sun jornal,
Ne en curt ert faus jugé,
Ne autrement par mal ert liveré;
Femme d'enfaunt ne perira
(Qe) qi devoutement ceste oreisun dira,
Ne sanz confessioun ne murra,
Ne sa alme en peine ne serra.

Li seint angle Gabriel
Vint a Marie treis fiez de ciel,
E lui dist la joie premereine :
« Deu vous sauve, Marie de grace pleine!
« Le seint Espirit sur vous vendra
E de sa vertu vous ennumbrera ;
Le fiz Deu conceiverés,
En vostre ventre lui porterés. »

La secunde joie ke ele out,
Ceo fu quant ele enfauntout
Li fiz nee sanz dolur, (*b*)
S[a]uve de virgineté la flour.

La tierce joie lui mustra
Sun chier fiz quant il releva
De mort en vie vereiment,
A lui aparust certeinement.

La quarte joie, quant il munta
E les apostles ensembla.
Il lur mustra cum il alout
A sun pere, qe mult li plout.

La quinte joie, quant ele transit,
De ceste siecle sanz peril issist
E les aposteles ensembla.
Le fiz sa mere mult honura

Marie virgine gloriouse,
La mere Deu e sa espouse
Ki par lui li conseütes
E après lui virgine fustes,
Sanz dolur lui portastes
E del leit virgine li letastes,
Duce dame, si cum jeo crei
Ke vous gloriouse portastes le rei,
Vous estes fille, vous estes mere,

---

1. Voy. *Zeitschrift f. romanische Philologie*, III, 202.
2. Voy. la notice de M. Stengel, p. 6.

En vostre ventre portastes ton pere,
Chier[e] mere, pur moy priez,
Quant de moy serra finez,
Ke m'alme seit en paraïs
Entre les angeles ou serrunt assis.
Chere mere, jeo vous prie
Qe de moy clamez merci.
Priez vostre fiz, pere vostre;
Pur ceo dirrai ma pater nostre.
Qe ceste oreisun chescuns jour [dirra
Vint jours de pardoun en avera.

13. — L'Assomption de Notre Dame, par HERMAN DE VALENCIENNES. — Cet ouvrage bien connu se trouve le plus ordinairement réuni à la *Bible* du même auteur. Il se rencontre ici isolément comme en d'autres mss. parmi lesquels on peut citer le ms. Bibl. nat. fr. 1822, le ms. Libri 112 (volé à Tours), maintenant chez M. le comte d'Ashburnham [1], le ms. de la Bodleienne *E Museo* 62, et le ms. Digby 86. Dans la présente copie, d'ailleurs fort incorrecte, manquent les deux dernières tirades, dont l'une, l'avant-dernière, contient le nom de l'auteur.

Ici comence del assumpcioun Nostre Dame seinte Marie.

Seignurs, ore escutez! ke Deu vous beneïe
Pur sa mort doleruse ki nous dona la vie.
Bien l'avez oï, ben est ke jeo vous die:
Kant Deu fu mis en la croiz de cele gent haïe
Comanda Jhesus seignurs, a sun ami s'amie,
A l'apostle sa dame, a seint Johan Marie.
Mut par fu doleruse icele departie
Si [2] bons euvangelistes la prist en sa baillie.

Sachez qe nostre Sire mult seint Johan ama,
De sa croiz u il pendi quant a sei le apela.
Sa mere vint od lui, illocc la comanda.
Volenters la reçust e tendrement plora.
Prist sa dame en sa main, plorant s'en turna;
Al temple sunt venuz, iloec la comanda
Oveec les seintes dames qe il ileoc trova.
Ele remist al temple u sun cors travailla,
Veillaunt chescune nuit e chescun jour juna.

La reine del ciel mult ert gloriuse.

. . . .

Fin (fol. 291 v°).

En kalendes de Aüst fut la dame enterée;

1. Fol. 1-11. J'ai pris copie de ce texte en 1865 à Ashburnamplace.
2. *Corr.* Li.

Ceo sachez qe cel jour fust mainte alme sauvée.
El val de Josaphat fu la dame posée,
De amis e de parent meinte lerme plurée.
Iceo sachez, seignurs, n'i fu pas ubliée,
Ainz fu de sun fiz bonement visitée.
Ne remist pas en terre : en cel(e) est porté[e],
La set od ses angeles, reïne est apelée.
Mult est bien servie e mult est honurée,
Issi comme vous ai dit, la raison est otrie [1].

Ore priez le seigneur ke ele vous doint sa glorie,
E le diable veintre e venir a victorie ;
Envers Deu, sun bel fiz, nous face adjutorie,
Ke le diable ne nous puisse faire contrarie,
E si nous doint deservir la celestiene glorie
Ke nous ne seum vencu si nous tenge en memorie.
Iceo nous prist (*sic*) icel sire ki vit e regne en glorie.

Amen.

14. — La plainte Notre Dame. — Version en vers d'un opuscule latin du moyen âge dont on ignore l'auteur et qui a été attribué à saint Augustin, à saint Bernard et à saint Anselme. J'en ai signalé jadis [2] trois traductions françaises en prose, et j'en connais actuellement une quatrième (Arsenal, 937). De la version poétique que nous offre le ms. de Cambridge il existe, dans le ms. Grave 51 de la Bodleienne[3], une autre copie un peu moins ancienne, du milieu du XIVe siècle environ. La particularité de ce poème est d'avoir été composé en vers de seize syllabes. Sans doute les vers ne sont pas tous réguliers. Même en faisant largement la part des erreurs de copie, il restera fort probablement certains vers incorrects dont la responsabilité devra être laissée à l'auteur. Il ne faut point s'en étonner, puisque le poète écrivait en Angleterre et dans le cours du XIIIe siècle. Mais j'affirme qu'en général on réussit, par une judicieuse combinaison des deux copies, à établir un texte où les vers sont composés de deux hémistiches ayant chacun huit syllabes. Voici, par exemple, comment je restituerais les premiers vers :

Pur ceus et celes ki n'entendent   quant oient lire le latin

1 *Corr.* outrée.
2. *Bulletin de la Société des anciens textes français*, 1875, p. 61 et suiv. ; cf. 1886, p. 48.
3. N° 3823 des *Catalogi* de Bernard.

Jeo ai comencé icest livre,   e Deus i mette bone fin !
Jeo vei qe la letrée gent   unt lur joie de seint escrit,
E quant entendent ceo qu'il oient   mult en ad l'alme grant delit ;
Les lais ne sevent qu'est a dire,   dunt sovent en ai grant pité,
Car ausi bien les dei amer   cume les clercs en charité,
Honmes, fenmes e tute gens   de siecle e de religion.

Je ne connais pas d'autre exemple bien caractérisé de cette forme dans la poésie lettrée; quelques vers isolés qu'on peut rencontrer çà et là dans la littérature anglo-normande ne sont pas à prendre en considération. Toutefois le vers de seize syllabes coupé au milieu n'a rien qui répugne aux principes de la versification française. Il est au vers de huit syllabes ce que l'alexandrin est au vers de six syllabes. Il y a toutefois cette différence que le vers de huit syllabes était originairement divisible en deux hémistiches, ce qui n'était pas le cas du vers de six syllabes. Par suite le vers de seize syllabes a du être très rare à l'époque ancienne. Mais dans la poésie populaire il est très fréquent, avec cette nuance que le premier hémistiche a ordinairement une terminaison féminine. On en fait ordinairement deux vers, mais il n'y a pas de raison pour ne pas mettre les deux hémistiches sur la même ligne, puisque la rime est un élément essentiel du vers roman[1]. Ainsi j'écrirais volontiers ainsi le premier couplet de la chanson de Philippe de Savoie[2] :

Vollés oyr chanson piteuse   qui fut faite de cueur marri?
Elle fut faite en une chambre,   Phelippe de Savoye la fist.

Voici le début et la fin de notre lamentation ou plainte de Notre Dame, d'après les deux mss. :

Ici cummence li livre de les lamentaciuns Nostre Dame seinte Marie[3] (f. 272).

Pur ceus e pur cels ki n'entendunt   quant oient lire latin
Ai comencé iceste livre ;   Deus i met bon fin !
Jeo vei qe la gente lettré   unt lur joie de seint escrist,
4 Car quant entendunt ceo qu'il oient   l'alme en ad mult grant delit.

---

1. On sait que Milà y Fontanals considérait comme deux hémistiches ce qu'on imprime ordinairement comme deux vers.

2. *Romania*, IX, 473.

3. Ms. Grave 51, fol. 69 :

Ici comence la passiun Nostre Dame.

Por ceous qe entendent ren   quant oient lire le latin
Jeo ai comencé cet livre ;   Deus i mette bone fin !
Jeo vey qe les gens lettrés   unt lur joie en seinte escrist,
4 E quant entendent ceo qe il oient   must ad l'alme grant delit.

Les lais ne sevent qe ceo est a dire, dunt sovent ai grant pité.
Car ausi bien les dei amer cum les clercs en charité,
Madles, femmes, tute gent del siecle e de religion,
8 A tuz sumes nous docturs en tant cum fere le poūm.
Par tant, del petit ke jeo sai vous ai iceste romaunce escrit.
Ore licez (*sic*), ne puet estre qi ne ad acune delit;
Si rien oiez qe vous semble qe en evangeile ne seit escrit
12 Sachez bien qe en sun livre seint Johan apert le dit :
Car si tut fu mis en livre kancke Jhesu fist et dist,
Tut le munde n'en entendreit, tant fu[st] grant icel escrit.
Pur ceo vous pri comunement qe cest romance lir orretz ;
16 Si ren oiez qe vous despleise, jeo prie nel descreez.
Rien n' i ad pur verité, si vous die hardiement;
Le perteus (?) ne provereie si fuisse meïsmes en present.
Seint Bernard fist iceste livre, mès poi i ai mis del men ;
20 Ore prium duz Jhesu ke chevir le puisse bien.

Ki me durra tant de lermes ke plurer puisse nuit e jour
Jeske atant qe sun serjant conforte le duz Seignur?
Peisif (*sic*) sui e mult dolent, si ne puisse confort aver,
24 Si li seignur debonere ne me voille conforter.
Fillez de Jerusalem, kar entendez mei devoutement ;
Deu espusez, Deu amiez, priés le entendement.
Plorom sur lui, en plurant priom nostre duce espuse
28 Ke il sa doçur e sa leauté deigne mustrer a nous tuz
. . . .

Les lays ne scevent quant ceo est a dire, dont sovent en ay pité,
Qe autresi ben les dei amer cum les clers en charité,
Honmes e femmes e totes gens de secle e de religion,
8 A touz sumes nous doctours tant cum fere le poūm.
Par unt de petit qe jeo say vous ay cete romaunce escrist.
12 Sachez qe seint Jon en son livre tut apertement le dit :
Que si tut fust mis en livre quant qe Jesus fist e dit,
Tut le munde ne le entendereit, tant sereit grand cel escrist.
Pur ceo vous pri comunement qe vus cete liverette orrez,
16 Si rens oiez qe vous despleyse vous pri pur ceo ne descreez.
N'i ad rens mès que verité, ce vus afi hardiement;
Apertement le proveray par tut ou jeo fuse present.
Seint Bernard fit cet livere e poy jeo ay mis del men ;
20 Ore priums ly douz Jesu qe eschever le pussum ben.

Ke mey dorra tant de lermes qe plorer pusse nuyt e jour
Deskes tant qe li sergant recomforte sun seignour?
Pensif seu e mut merveylé, si ne puys confort aver,
24 Si le seignur debonere ne mey voylle reconforter.
Filles de Jerusalem, car eidez mey devoutement,
Deu espouses e amies, priez le ententivement.

Fin (fol. 279 v°) :

> Atant se leve seint Johan e li autres li v[u]nt entur,
> Si le menez en la cité plus par force qe par amur.
> Seint Johan l'a gardé al meuz ke il puet; beneit seit il de luer,
> E tuz ceus ke la dame honurent ben a lur poer !
> Beneit seit li duz Jhesu e tut [jurs] mès seit honuré
> Ke cesser ne vout jeskes a tant ke veit sa gent delivré !
> E beneit seit la duce mere ke nous porta le rei de gloire,
> E beneit seit trestuz iceus ke sa peine unt en memorie !
>
> *Amen.*

15. — GAUTIER DE BIBLESWORTH, Traité pour apprendre le français (fol. 279 *c* à 294 *b*). — Ici Gautier de Biblesworth est appelé « Gauter de Bitheswey ». Pour la bibliographie de ce poème essentiellement didactique, je renvoie à un article précédent de la *Romania*, XIII, 500[1] et quant au texte même de notre ms., on en trouvera les 86 premiers vers dans mon *Recueil d'anciens textes français*, partie française, n° 37.

16. — WILLIAM DE WADINGTON, *Manuel de péchés.* — J'ai donné, de cet ouvrage, dans mon mémoire sur les mss. français de Saint John's Coll., une notice bibliographique qui doit être corrigée et augmentée. Le ms. que j'ai indiqué[2] comme appartenant à la Société royale de Londres est passé, avec beaucoup d'autres, au Musée Britannique[3], où il est coté *Arundel* 288. Un autre livre du même fonds, Arundel 372, contient deux feuillets de garde arrachés à un ms. du *Manuel de péchés.* Enfin j'avais négligé de mentionner le ms. Greave 51, de la Bodleienne, dont il a été question plus haut, p. 309. Le texte qu'offre notre ms. ne contient guère que 5700 vers, soit la moitié du poème environ. Voici les premiers et les derniers vers :

> *Ici comence la Manuel de pechez* [(*f.* 294 *c*)
>
> La vertu del seint Espirit

> Nous seit aidaunt en ceste escrit
> A vous deus choses mustrer
> Dunt hom se deit confesser,
> E ausi en la queu manere,

1. J'ajoute que le ms. de Trinity Coll. Cambridge, signalé ci-dessus, p. 198, comme disparu depuis une quarantaine d'années, contenait une copie, accompagnée d'une traduction anglaise (qui ne paraît pas se trouver ailleurs), du même traité. De plus les deux premiers vers ont été écrits sur une page restée vide du ms. Harl. 3775 (fol. 74 v°).

2. *Romania*, VIII, 333.

3. En 1831 et 1832; voir la préface du catalogue du fonds Arundel (Londres, 1834, in-fol.), et Edw. Edwards, *Lives of the Founders of the British Museum*, p. 201.

Ke ne fet mie bon a tere,
Car ceo est la vertu del sacrement,
Dire le peché e coment.
Tuz pecchez ne poũm recunter,
Mès par taunt se pot remembrer
E ses pecchez bien amender
Ki cest escrit vot regarder.
Primes dirroum la droite voie
Ke fundement est de nostre laye,
En quele ad doze point provė,
Ke sunt articles apelé,

Fin (fol. 328 *c*):

Ha! duce Dieu de majesté,
Qe pot comprendre ta bounté!
Ki de sa grant bien pensat la sume
Ke avez fet a cheitif home. [(*d*)
Pur ceo priums Jhesu Crist qui fist la [firmament
E ciel e tere e mere fist il ensement,
Li cors de servir a l'alme si verai de- [finement
Ke l'alme ne seit dampné a jur de ju- [gement [1].

17. — Pierre de Langtoft, Vie d'Edouard I. — Ce poème est une des parties de la chronique en laisses monorimes de Pierre de Langtoft, chanoine de Bridlington (Yorkshire), que Th. Wright a publiée en deux volumes dans la collection du Maître des rôles. On en possède plusieurs mss. plus ou moins complets, qui n'ont pas été tous indiqués par Wright dans sa préface. J'ai signalé en diverses occasions les mss. qui ont échappé à ses recherches [2]. Le ms. GG. 1. 1. est mentionné dans la préface du tome second de l'édition. Th. Wright s'en est servi pour l'extrait de la chronique de Pierre de Langtoft qu'il a publié dans ses *Political Songs of England* (London, 1839. Camden Society), p. 237 et suiv. Le titre de *Brut* donné dans notre ms. à la partie de la chronique de P. de Langtoft qui se rapporte à Edouard I, est exceptionnel, et n'a probablement pas d'autre raison d'être que le nom de *Brutus* inséré dans le second des vers qu'on va lire, mais ce qui n'est nullement exceptionnel, c'est l'usage de copier comme un ouvrage complet en soi la partie de la chronique qui concerne Edouard I. Trois autres mss. offrent la même particularité, à savoir: College of arms 14 (Londres) [3], Fairfax 24 (Oxford) [4], et Douce 120 (Oxford) [5].

1. La mesure montre assez que les quatre derniers vers ne sont pas de l'auteur du poème.
2. *Revue critique*, 1867, II, 198, note 2; *Bulletin de la Société des anciens textes*, 1878, p. 105, note 1, et p. 140.
3. Voy. le Catalogue de Sir Ch. Young (1829), p. 22; Fr. Michel, dans le volume de *Rapports au Ministre* publiés dans les *Documents inédits*, p. 76; Le Roux de Lincy, *Roman de Brut*, description des mss. p. lxxvij.
4. Le n° 3904 dans les *Catalogi* de Bernard.
5. *Bulletin de la Soc. des anciens textes* 1878, p. 140; Duffus Hardy, *Descript. Catal.* III, n° 433.

Ici commence le Brut, coment li bon rei Edward gaigna Escotz e Galis (f. 328 c.)

Ky volt oyr des reys coment chescune vesquit
E(n) le ille de Brutus Bretainne appeller feist,
E puis cele houre en sça ki gaignast ki perdist
Comment li rei de Lyns Itaille tut venquist
. . . .,[1]

Fin (fol. 345 v°):

For Scotes at Dunbar
Haved et thayre gau char
Schame of thar note,
Wer never dogges there
Hurled out of herre[2]
Fro coylthe ne cotte

Suivent quelques lignes latines pour compléter la page: « Quid est celum? Celum habet octo gaudia celestia...

18. — *L'Image du monde.* — On connaît environ soixante mss. de ce poème, sans compter les exemplaires de la rédaction en prose. Ils ont été énumérés et soumis à un classement provisoire par M. D. Grand, dans une thèse présentée récemment à l'Ecole des Chartes[3]. Ces mss. se divisent en deux catégories assez nettement tranchées, selon qu'ils renferment ou ne renferment pas certaines additions dont la plus considérable est constituée par une vie de saint Brandan. La leçon de notre ms. appartient à la catégorie des mss. « non interpolés ». Victor Le Clerc, qui a longuement insisté sur cette distinction entre les deux classes de mss., est d'avis que les exemplaires où les additions manquent représentent seuls l'œuvre pure de l'auteur, et il suppose que la rédaction « interpolée » est l'œuvre d'un copiste messin « qui avait du loisir et surtout un grand amour des contes »[4]. Depuis Le Clerc cette opinion est devenue courante. Je crois au contraire qu'un examen attentif de la rédaction interpolée suffit à montrer que l'interpolateur n'est autre que l'auteur lui-même, qui aurait ainsi fait deux rédactions de son ouvrage. C'est ce que j'essaierai de démontrer dans un prochain mémoire, mettant à profit, outre les éléments connus jusqu'à présent, un ms. déjà signalé, mais non

1. Cf. l'édition de Wright, II, 162.
2. Ces vers sont publiés par Wright dans la preface du second volume, p. x. ils ne se trouvent, selon lui, que dans ce ms.
3. Voy. les *Positions des thèses soutenues par les élèves de la promotion de* 1885, p. 80 et celles de 1886, p. 85.
4. *Histoire littéraire*, XXIII, 323.

étudié, dans lequel j'ai récemment découvert des données toutes nouvelles qui résolvent la question.

Il est notable que parmi les nombreux mss. de l'Image du monde, plusieurs, appartenant, si je ne me trompe, à la rédaction la plus courte, ont été copiés en Angleterre. C'est la preuve que la *Petite Philosophie*, pourtant bien répandue, ne suffisait pas à satisfaire la curiosité de ceux qui voulaient acquérir, sans recourir aux livres latins, quelques éléments de cosmographie et de géographie.

(Fol. 346) *Cest livre de clergie en romaunce qi est appellez Ymage du mounde contint par tut .lv. chapitres e .xx. e .viij. figures, saunz qi le livre ne purreit pas estre legerement entenduz, qi est devisez par treis parties* (suit la table des rubriques).

Ki veot entendre a cest livre (*f.* 347)
E savoir coment il deit vivre
E aprendre tiel clergie
Dunt meuz vivera tout sa vie,
Si lise tut primerement
E après ordeniement,
Si qu'il ne lise rien avaunt
S'il ne athent ceo q'est devaunt.
Einsi purra le livre entendre
Qe autrement ne pot nuls emprendre.

De Dieu parloms au commencement.

Ky veot entendre a cest romaunce
Si poet entendre a cest comaunz.
Graunt partie de la faiture
Del mounde, coment par nature
Fu fet de Dieu e acompliz...

Fin (fol. 289 *c*) :

E la joie de paradis
Que Dieu nous otroit a tut dis
En qi toute pité habounde.
Issi firist l'Ymage del mounde ;
A Dieu comence e a Dieu prent fyn,
Que ses biens nous doint a la fyn. [*Amen.*
Vous qe aviez oï l'escrit
Del fiz Dampnedeu Jhesu Crist,
E puis del mounde que Dieu forma
E de toutes les vertuz q'il ordina,
Qe par cestui poez aprendre
Qi del siecle volez entendre,
Queu chose soit e coment ceo est, (*d*)
En ceste figure compris est ;
Par ceste dereine figure
En poez bien veer la faiture,
Qe ici devant vous escrit est
Coment li firmament fet est [1]

19. — *La bonté des femmes.* — Plaidoyer habilement tourné et vivement mené en faveur des femmes. L'objet de l'auteur a été principalement de réfuter les pièces dirigées contre le sexe faible qui abondent dans notre ancienne littérature [2]. Sa discussion juridique pour prouver

---

1. La figure annoncée par ces derniers vers occupe le r° du fol. 390.
2. Voy. la liste que j'ai dressée des pièces contre les femmes, *Romania*, VI, 499-500.

qu'Adam fut plus coupable qu'Eve est véritablement curieuse. On remarquera le passage (vv. 126-143) où il s'inscrit résolûment en faux contre les récits selon lesquels Salomon, Sanson le fort et Absalon auraient été trompés par les femmes. Il est permis de croire que ses dénégations ne visaient pas la source première et respectée de ces récits, mais qu'il pensait à ce passage du *Blâme des femmes :*

Neïs li sages Salemon,
Qui de bien ot si grant foison
Que plus sages de lui ne fu,
Fu par sa fame deceüz;
Ausi refu Sanson Fortin[1]

ou quelque autre du même genre, car ces exemples de la tromperie des femmes étaient passés à l'état de lieu commun[2].

L'auteur était anglais: sa langue le prouve comme aussi la mention (v. 24) de Westminster et de la Tour de Londres.

Il existe parmi les mss. du collège Saint-Jean, à Cambridge, une copie fautive et abrégée de notre poème : j'en ai publié, ici-même, VIII, 334, environ 80 vers dont je rapporterai en note les variantes utiles. Là où ce secours m'a manqué, le texte reste souvent inintelligible.

Ci comence du bounté des femmes (f. 390 c).

Cil fableürs trop me grevent
De rimer, qe ne sevent
Rimer, counter for de fable.
Escutez un dist creable:
De dames e de damoiseles
Vous sache dire tiel noveles
Dount lur loaunge creistra.
Bien eit qe moy escutera!

Quant que sunt nez e a nestre [sunt
Saluz trestuz de quor parfount;

---

1. Je cite d'après Bibl. nat. fr. 1593 fol. 153 *c*. Pour d'autres copies du même opuscule, voir *Romania*, VI, 499 et IX, 436.

2. Cf. ci-dessus p. 219 le *Facetus* catalan, v. 1627-8. Dans un ms. du XVe siècle je lis ces vers qui peuvent remonter au XIVe:

Par femme fut Adam deceu,
Et Virgiles moquez en fut;
Ypocras en fut enherbez,
Senson le fort deshonnorez;
David fit faulx jugement
Et Salemon faulx testament;
Femme chevaucha Aristote :
Il n'est rien que femme n'assote.

(B. N. lat. 4641 B, fol. 142; ces vers se retrouvent ailleurs: voy. *Bulletin des anciens textes*, 1876, p. 129.

Pour d'autres textes plus ou moins analogues, voir l'article de M. Tobler sur l'empereur Constantin, *Jahrb. f. roman. u. engl. Literatur*, XIII, 104 et suiv. Pour la fable de la femme de Salomon, voy. *Romania*, IX, 536 et X, 626.

6 *S.-J.* V. en dirray. — 9-18 *Pour ces dix vers il y en a trois seulement dans S.-J.*

Trestuz saluz les maund
Come leaus e fin amaunt,
E come profès en le ordre.
E me voille, sachez, amordre
De combatre pur fin amur,
Q'il n' i ad for douce odur
E doucement, sachez, en fleire.
Bone amur, qe est deboneire,
Me ad prié devoutement
Pur estre gardein de covent;
E pur defendre la meisoun
Su devenu lur champioun
E lur countur e lur provostur
A Wesmouster ou a la Tour,
Tort e force maintenaunt
Encuntre chescune mesdisaunt
Pur les chivale[r]s al issir
E pur les dames al revenir.
Mès ja de l'eil en parlerom;
Ne isterai de la meisoun
De cunsail prendre avaunkant(?).
Meintenant veez ci mon gaunt:
Pur l'amur nostre Sauveur
Qe fist a femme taunt de honur
Qe une pucele salua
Par sun angle k'il enveia.
Le noun Eve fu tost turné, (*d*)
Qe de *Eve* fist l'angle *ave*.
« Dieu vous sauve, Marie
« De grace replenie;
« Li sires est en vous.
« De touz femmes qe sunt
« Par my ceste mounde
« Beneïte seez vous,
« E beneit seit le fruit
« Q'en vostre ventre crut,
« Jhesu le tres douce ». *Amen.*
E ceo fu, sachiez, le douce salue
Dount nous avint tut le prue.
Beneit seit le hure q'el nasqi!
Desprisonés sumes nous par li;
Qe femme porta le raunçoun
Qe nous reint de enfernal prisoun.
Par femme est la deïté
Joint a nostre humilité.
Qe vout les estories cercher
Apertement porra trover
Qe Dieu ad fet plus grant honur
E mustré greignur amur
A femme par sa curtaisie
Qe a home que soit en vie.
Nostre Seignur, bien dire le hos,
Si fist Adam e Eve de un os;
Os saunz char en sei est pure,
Secc e nette, redde e dure;
Os est blaunche come flour de [may.
E Adam qe fu fet de tay,
De vile tere, ceo dist l'escrit;
Conment purroit estre parfit
Chose fet de purreture?
Ceo serroit encuntre nature;
Dount jeo vous [di] pur jugement
Qe femme est natureument
Braunche, necte e fin e pure.
E de ceo trés bien moi assure [(*f.* 391)
Qe home qe fu fet de bowe;
A la barbe e a la jowe
Poez bien veer la matire,
Chescune quinze jour a reire,
De barber e de hoster le ordure.
Femmes deivent par droiture
Eestre (*sic*) fines e creables
E de lur cors plus estables

22-5 *S.-J.* son, *au lieu de* lur. — 24 *Il y a entre* 24 *et* 25 *deux vers de plus dans S.-J.* — 25 *S.-J.* T. et fort. — 29 *S.-J* d'eles ne. — 31 *S.-J.* a nul vivant. — 39-47 *La leçon de S.-J. est tout autre. On a introduit ici la salutation angélique telle qu'elle se trouve un peu plus loin (ci-après art.* 22, *p.* 322) *dans le même ms.* — 51 *Ms. ici et ailleurs* sum9, *qui serait, selon le sens ordinaire de l'abréviation,* sumus, *mais on trouve aussi* sumes. — 53 *Il y a réellement* remt *et non* reint. — 63 *S.-J.* Fist A. de tay e E. — 65 *S.-J.* Et forte en sei, pure et d. — 74 *S.-J.* Blaunche. — 76 *Le second* qe *est omis dans S.-J., sans doute avec raison.* — 81 *Ms.* devient.

Qe nul homme qe l'em trove;
Meintenaunt veez ci la prove.

Sachez li femmis nous donassent
E de aturs nous priassent,
E nous donassent beaus douns,
Si come nous a eus fesoms,
N'i avereit frere ne cordeler,
Jacobin ne hospiteler,
Heremite ne grey moigne
Ne chivaler, saunz essoigne,
Si une dame cointe e sage
Ly dounast de bon courage,
E poit a luy venir sovent
E lui acoler doucement,
E a la fiez en un bea lit,
E la dame ust bon delit
De li beiser e acoler,
Iço vous di bien, un chivaler
Freit adunk plus tost un saut
Ke une dame, si Dieu me saut.
Par ma vie e par ma mort,
Femmes ount dreit, nous le tort.
Remembrés vous feire justise
De ceste prove en toute guise
Qe jeo ai devaunt vous cy prové,
Qe vous ne seez reprové.
Si jeo poi mil aunz vivre
Assez en averoie a matire
Pur p[ar]ler de lur boneireté,
E de lur bounté e de humilité. (b)
Si ne deit pas estre celé
Entir lur biens lur grant beauté;
Que teus i sount qe plus pleise-[runt
Lur beauté qe lur biens ne fount.
Mès quant ces deus sont ensemble,
Dunke est tuit bone, si me semble.
Femme e angle unt un façoun;
Mout i ad bon comparisoun:
Façoun de femme est de grant pris,
Vermaille come rose, blaunke com [lyz,
Lur bouche savure a beiser
Plus ke gilofre a manger.
Ceo qe l'em dit qe Salomon
Samson le fort e Absolon
Furent par lur femmes deceüs,
De ceo ne seez pas ennuy[u]z,
Tuit seit ceo en livre escrit,
De fableie se entremist
Qe primis fist cele escrivere;
L'em trove meinte chose en livre
Ou i n' i ad for divinaile.
Ceo fu fable tuit sanz faille.
Honny seit ore li escrivein
Quant a sun gré mist la mayn
Tiele mensoigne mectre en livre:
Il fu hors de sen ou yvre
U trés mauveis l'escriveyn(e),
De ceo sui bien certein(e)
Qe ascun(e) mauveis(e) li fist fere
Qe a femmes fu contrere.
Morir pust il desconfès
Qe trop vers femmes seit engrès!
Qe vilein dist en reprover:
Cele oysel eit mal encumbrer
Qe foule soun demeine nye.
Ore orrez pur quei le vous die,
Qe ceo ne pot dedir nuls,
Qe de femmes ne fumes issus: (c
Dunc est femme ny a home;
Si come de le fut crest la poume,
Si crest l'enfaunt naturelment
De la mere, ore di coment:

Susceptum semen sex primis, crede, diebus
Est quasi lac, reliquisque .ix. fit sanguis; at illud
Consolidat duodena dies, duo nona dices (?);
Effigiat, tempusque sequens producit ad ortum.

---

86 li, *corr.* se. — 99 *Corr.* O? — 124-5 *Cf. dans une autre pièce sur le même sujet* (*Wright*, Reliquiæ antiquæ, II, 219): De femme plus savoure un beiser | Que plein poyn de lorer. — 147-8 *Prov. cité dans les mêmes circonstances par Robert de Blois dans le morceau publié* Romania, VI, 501 (*v.* 25-6). *Pour l'auteur de ce morceau voy.* VI, 637. *Le même prov. existe en anglais.*

Herbergez sumes dedeinz lur flaunc,
De els ewom char e saunc.
Ausi nurrist femme home
Come arbre fet peire ou poume.
Ni est dunc encuntre nature
Si le fruit deit l'arbre destrure?
Fruit ne poet sanz l'arbre crestre,
Sanz femme ne put nul neestre,
Mès sanz home, come dit l'escrit,
De femme un home nasquist;
Dunc puis dire par de sa
Ke dunkes home ne l'adessa.
Si Jhesu Crist l'ust destené,
Le siecle pout estre estoré
Sanz home e de femme crestre,
Mès de home ne put nul nestre.
De femme feseit Dieu sa mere,
Ne fist pas de home sun pere;
E dunc devom plus obeier
Femme par droit e bien server
Qe nul home qe soit vivant,
Ja ne seit il si puissaunt.
Femme deit aver seignurie
Sur toute rien qe seit en vie;
Ciel e tere, quancke li apent,
Deit estre a sun comandement
Volez ore saver pur quoy?
Sun fiz est si puissaunt roy
Qe tuz rois sunt a li entendaunt.
Ne ad dunk femme poer grant
Qe tiel roy put sun fiz clamer,
Qe tut le mounde ad en poer?
E par nature dreiturere
Qe fiz obeïsse a sa mere,
Dunk pert il, mès jeo ne[i]. di mye,
Ke femme ad Dieu en sa baillie.
Ne ad il donke a quoer la rage
Qe fet a femme nul outrage,
U que li trespas en fet ou en dite
Pur la vengaunce de sun fiz?
Garde sei petit e grant
Qe de femme ne soit mesdisaunt
La vengaunce fet a douter
Del fiz qe ad si grant poer
Honurez les sur toute rien,
Ja ne troverez mès ki bien,
Ke eles bones e douces sount;
Ceo est tuit la joie de ceo mounde.

De lur bounté ai aukes dit,
Mès ma lange pas ne suff(r)ist,
Si jeo fuisse escrivein bon(e)
Ausi sage com Salomon(e),
E vivereit tuz jours saunz fin,
Ja en romaunce ne en latin
Ne serroit counté ne dit
Bounté de femme ne descrit.
Ceo qe home dist que heritage
Perdimes tut par utrage
Eve, ceo est trestut faus,
Qe nienz devum recter ceo maus:
Si di(e) qe Adam plus trespassa
Quand il de la poume manga.
Ne fetis ja pur consaillur
Rien qe tourne a deshonur,
Jeo su certein(e) pur le trespas [(f. 392)
Eve Adam ne perdi pas.
Pur le furfet [de] la mulier
Deit home nul disheriter?
Ne ley escrit, ne vout pas
Qe home comperge autrui t[r]espas.

Quant Eve hust le fruit mangé,
Si Adam se fust bien purpensé
E sei ust detenu com(e) sage
Tenu eüst sun heritage;
Dunc di jeo qe tut[e] sa peine
Li vint par sun trespas demeine,
Dunc ne put, sachez, remeidir;
Que de Adam devum tuz pleidir.

---

204 *On trouvera dans la* Romania, VIII, 335 *les vers* 204-11 *et* 294-5 *qui forment, avec deux vers que n'a pas le ms.* GG, *la fin du poème dans le ms. de Saint Jean.* — 201 *Corr.* n'i ... ke. — 208 *Corr.* vivereie; *S.-J.* E vivere puisse.

Recter devom, si a li noun,
De nostre deserteisoun,
Qe femme deit estre escondite
Par ma reisoun avant dite.
Si Adam ust fet come sage home
A Eve dut defendu la poume,
Si come ele fust a li suget,
E ele n'ust, sachez, pur nul abet
Del serpent la poume mangé
Ne si hardi de aver atuché ;
Ne cru le maufé tant ne quant,
Mès Adam qe fu[s]si sachaunt
E trestut plein de science
Qe encuntre sa conscience
E encuntre le tut puissaunt,
Come ust esté un enfaunt,
Crust le malfé, e tost receust,
Par consaille le serpent le fruit.
Ore seit qe Eve le consenti :
Pur bien le fist, e entendi
De fere bien saunz malice ;
Si come le serpent le entice,
Ele entisça Adam, dist le escrit,
Sanz plus dire fors un(e) petit.
Ceo est la force qe li a: (b)
Eve enticyt, Adam le manga ;
E pur ceo puse bien prover
Qe Eve fet meins a blamer.
Endreit de ceo primer peché,
Si Eve fust mal entecché,
Par defaute de nurture.
De Adam qe l'aveit en cure
De chastier e aprendre,
Par la reisoun voil defendre
Eve, e que Adam out le tort.
Si vous ussez un homme mort
E fuissez ore accoupé
Devant justise e ameré,
Dirroit le justise : « Amys,
« Avez vous cest(e) home occis? »
Vous qe ne poez dedire,
Li respoundreit : « Oyl, beau [sire.
« Mès jeo vous di certeinement
« Qe ceo fu par enticement :
« Robert, Willeam ou Wauter
« Moi conseillerunt e Roger
« A tieu jour cele home occire. »
Quei dite vous, beau douce sire ?
Serra celui pur ceo sauvé
U cele gent par li dampné,
Tut par sun simple dist ? Nanil !
Au conseil(e) du roy venent mil ;
Chescun dirra sun avis,
E quant li rois avera tuit enquis
Qei cil ad dit e cil e cil,
Si prent le bone e lesce le vil :
Ja n'ert celui pur ceo dampné
Ne de conseil le roy osté.
Si la reisun peut suffire,
Unke n'ad mester de plus dire.
S'il i ad nule qe sei delit
Bounté de femme aver escrit,
Ore a[i] jeo aukes recunté (c)
De lur beauté e de lur bounté,
Se vous di(e) to(s)t outre[e]ment
K[e] il mentunt tut hautement.
Ke de femme rien mesdie,
Dieu lur doint malencolie,
E Dieu lur doint grant meschief,
Mal en bouche, mal en chief,
E [la grant anguisse de deinz,
E mal dehors e ma[l] deinz !

Suit immédiatement :

Diabolus quosdam mordet per suggestionem, quosdam fedat per delectationem, quosdam vulnerat per consensum, quosdam devorat per operacionem, absortum revocat per miseracionem.

---

239 dut, *corr.* eust. — 258 sic, *lis.* q'el i a. — 275 *Corr.* respoundreiz.

La pièce suivante paraît être un résumé des arguments théologiques en faveur des femmes.

Mulier prefertur viro, s[cilicet]:

Materia. Quia Adam factus de limo terre, Eva de costa Ade. (*Cf.* vv. 62-80).
Loco. Quia Adam factus extra paradisum, Eva in Paradiso.
In conceptione. Quia mulier concepit Deum, quod homo non potuit. (*Cf.* vv. 163-6).
Appar'cione. Quia Christus primo apparuit mulieri post resurrectionem, scilicet Magdelene.
Exaltatione. Quia mulier exaltata est super choros angelorum, scilicet beata Maria.

Quoique ces lignes latines aient déjà été imprimées ici-même (VI, 501), j'ai cru utile de les reproduire afin de pouvoir indiquer par des renvois les rapports qu'elles offrent avec notre poème. Ajoutons que plusieurs des arguments ici résumés sous une forme scolastique se trouvent ailleurs encore : dans Robert de Blois (*l. l.*), dans le commentaire de Francesco da Barberino, où se lit cette sentence, attribuée à la comtesse de Die, que la femme est plus noble que l'homme « quoniam vir de humo et terra lutosa « creatus seu formatus extiterit, femina vero de nobilissima costa humana « jam mundificata Dei presidio, quod ex utriusque manus lavatione pro- « babat[1] » ; dans le poème de Serveri de Girone[2], etc.

20. — Le *Credo* paraphrasé en vers. — Cette pièce et les deux qui viennent après font immédiatement suite sur la même page (*fol.* 392 *v°*) au morceau latin qui précède. La paraphrase du *Credo* en douze vers ne se rencontre point ailleurs, que je sache. Je crois que l'auteur, évidemment anglais, a eu l'intention de faire des vers de seize syllabes, cf. plus haut, p, 309, art. 14.

Credo in Deum.

Jeo crei en Dieu tuit puissaunt pere qe cria ciel e tere,
E qe Jhesu nostre sire est un soul fiz au puissaunt pere,
Qe conseu fust del seint Espirit e de la virgine Marie né.
Peine e passioun suffri pur nous e en la croiz fu attaché,
Mort estoit e enseveli e en le sepulchre reposa,
En enferns descendit, le tierce jour releva;
Le ciel mounta ou siet a destre Dieu sun pere tut puissaunt;
De illuc vendra pur juger mortz e vifs, petitz e granz.

1. A. Thomas, *Francesco da Barberino*, p. 173. — M. Thomas propose de corriger *comparatione*, mais le passage, bien qu'obscur, ne semble pas appeler de correction.
2. Suchier, *Denkmæler*, I, 261.

Jeo crei ausi en le seint Espirit e tut la seinte cristieneté,
Le sacrementz de seint Eglise e pardoun aver de pecché,
Qe tuz releverunt a drein jour e serrunt lors jugés,
12 E la vie pardurable qe Dieu nous graunt par sa pité. Amen.

21. — Le *Pater* paraphrasé en vers. — Il est visible que cette paraphrase a été faite en Angleterre. Les fautes contre la mesure sont nombreuses et résistent à la correction ; certaines rimes sont purement anglo-normandes. Une autre version, ayant la même origine, sera publiée plus loin d'après le ms. GG. 4. 32. On connaît en français d'Angleterre et du continent d'autres traductions ou paraphrases en vers du *pater*, voy. *La Bible française* de M. S. Berger, p. 25-6 et ma notice du ms. Phillipps 8336, n° 47, (*Romania*, XIII, 554).

Dominica oracio.

Pere qe as en ciel sojourn,
Seintefié seit toun noun ;
Tun regne nous seit prest(e),
E ta volunté seit fet
Ci en tere come e[n] ciel.
Hui nous donez pain jurnel ;
Releissez trespas a peccheurs,
Si come nous fesums a nos nuisors.
Ne suffrez pas que seum encumbrez
Par temtatioun, einz delivrez
Nous de tuz maus par ta mein.
Ceo nous grantés, sire, *Amen.*

22. — L'*Ave Maria* en couplets coués. — Cette courte pièce débute comme un autre *Ave Maria*, également en couplets coués, qui se trouve dans le ms. Phillips 8336 ; voy. *Romania*, XIII, 526. Les deux premiers vers seulement sont identiques de part et d'autre. Je ne connais du texte qui suit qu'une autre copie, celle qui a été introduite dans la *Bonté des femmes* (ci-dessus, n° 19, p. 317, col. 1).

Ave Maria.

Dieu vous sauve Marie
De grace replenie, } Li Sires est en vous.

De tut femmes que sunt
Parmy ceste mounde } Beneit seez vus !

E beneit seit le frut
K'en vostre ventre crust, } Jhesu li tres duz ! *Amen.*

23. — Pronostics. — Les pronostics exprimés dans le poème qui suit se rapportent aux événements généraux de l'année, et particulièrement aux saisons, aux récoltes. J'ai disserté en une autre occasion[1] sur ce

1. *Bulletin de la Soc. des anciens textes*, 1883, p. 84 et suiv.

genre de prévisions, et j'ai montré qu'elles se divisent en deux séries, qui se distinguent par leur point de départ, la conception générale restant identique. Dans toutes ces prédictions l'idée commune est que les événements de l'année qui va s'ouvrir sont déterminés par la coïncidence d'une date fixe avec tel ou tel jour de la semaine; dans les prédictions de la première série cette date est le premier janvier, dans la seconde série c'est le jour de Noël. Les unes et les autres sont souvent placées dans les mss. sous le nom d'Ezechiel, ou sous celui d'Esdras. Ici la coïncidence est établie avec le jour de Noël. J'ai publié, dans la dissertation précitée[1], un texte latin qui appartient à la même série et offre avec notre poème des rapports étroits, sans que je puisse affirmer qu'il n'existe pas du même texte latin quelque variante encore plus voisine de notre petit poème. J'ai aussi indiqué trois rédactions françaises en prose de ces pronostics dans des mss. de la Bibliothèque nationale; j'en pourrais signaler bien d'autres. Citons seulement celles qu'offrent le ms. EE. 1. 1. de l'Université de Cambridge (fol. 1) et Phillipps 4156 (fol. 183).

La rédaction en vers que nous offre notre ms. est indubitablement d'origine anglaise. La versification en est extrêmement faible. L'auteur, tout en se proposant de faire des vers rimant par paires, n'a pas résisté à la tentation d'aligner de longues séries de vers en *unt*. Il faut dire que le sujet s'y prêtait singulièrement. L'opuscule est précédé d'une rubrique en vers, circonstance dont j'ai déjà cité d'assez nombreux exemples dans la poésie anglo-normande, voy. *Romania*, XIII, 521. Une autre copie du même texte nous a été conservée par le ms. 59 de Corpus Chr. Coll., Oxford (fol. 116). J'en donne les variantes. Elle contient la même rubrique que le ms. de Cambridge.

Ci comence la reison
Del tens de l'an(e) e de la seisoun
E des houres queus i serrunt
E des au[n]tures[2] qe avendrunt.

Quant par dimaine avez la Nati-
[vité,
Idunc averez bon an e secche esté,
Ver e iver bon e mout ventouse;
Vignes erent mout plentivuse;
L'ailes cel an multiplierunt;
Veals, pecunie, forment crestrunt;
Mult par ert, cel an, bon blé;
De mel averez a graunt planté;
Curtils e gardins fructiferunt;
Pees et concorde cel an serrunt.
Cel an ert fet meinte larcin(e);
Veuz homes murrunt sanz fin(e).
Le(s) plus de femmes que cel an
[murrunt
Par jur de dimaine finirunt.
Ki cel an rien comencer vodra

1. P. 88, note.

2. C'est l'ancienne forme anglaise d'*aventure*; voy. James A.-H. Murray, Dict. hist. de l'anglais, sous ADVENTURE.

3 *c omet* e *et* mout. — 5 C *Owayles*. — 7 M. p. serunt bon li blé. — 8 a. mut g. p. — 9 C. g. multeplierunt. — 10 an fet s. — 12 m. sel an sen fin.

Saunz failler finir le purra.
Les enfantz qe cel an nestrunt
Grautz e fors e beaus serrunt.

Quant par lundi averez la Nativité,
Cel jour averez commun horré.
Le tens de ver averez ventous(e),
Secche esté e tempestus(e);
En aûst averez maen horré,
Ne bien secche ne bien moillé.
En plusurs lius orrez medlé
De(s) chivalers grant plenté.
Mult meres cel an plurunt
Pur lur enfanz qe els perdrunt,
Cel(e) an averez graunt gelé,
E plusurs princes finerunt lur és.
Vignes averez menement.
E grant mortalité de gent.
Les plusurs de gentz qe murrunt
Jeuvenes e petiz enfantz serrunt.
Ki cel an neistrunt hardiz e fortz [serrunt
Mès ees e pecunie perirunt. (*b*)
Ki nul bien volt commencer
Finir le poet saunz desturber.
Ki par Lundi enmaladira
De cele maladi bien tost garra;
U ki par Lundi avera riem emblé
En icel an ert retrové.

Quant la Nativité ert par Mardi,
Sachez, pur veir le vous die,
Iver averez graunt e tenebruse,
Od neif e od diluvie tempestuse.
Ver e esté moist serrunt; [runt
Aûst ert secche, mès feins peri-
E pecune cel an descrestrunt;
Nefs en mer mult perirunt,
Grantz pestilences icel an serrunt,
Fruiz e curtils apparirunt,
Reis e princes perirunt,
Cil qui les vignes edifierunt.
Cel an femmes murrirunt
De lur travaille mult perdrunt;
Enfanz qi cel an neistrunt,
Fors e coveituse serrunt.
Ains jusques parvendrunt
A grant age qi dunc nestrunt.

Quant la Nativité ert Megerdi,
Sachez qe vers le vous di,
Iver dur, ver ventouse
Averez moist, mout nuouse;
Mult averez edunc bon esté,
E aust averez bien atempré;
Ceus de vignes mult travaillerunt
E ees meinement mel averunt.

Quant par Judi ert la Nativité;
Mult averez bon an e bon esté,
Ver averez bon e ventouse,
Profitable nent e ennuicuse;
Vin e mel habunderunt; (*c*)

---

16 San fayle. — 20 Sel ivern a.— 21 Le t. de ivern.— 23 Esté sec et tempestious. — 23 meint oree. — 26 De ch. g. asemlé. — 27 Mutes m. — 30 E *omis*. -- 33 Le plus de tens. — 35 hardiz e *omis*. — 36 eus en pecunne p. — 37 Ki n. b. sel an vodra. — 38 le porra.

40 de cel mal. — 41 ki, riem *omis*. — 42 returné. — 44 Sertes verement vus di. -- 46 e *omis*. — 47 moyte s. — 48 sec fint p. — 49 E p. desterunt, *avec* n *au-dessus de* te. — 50 E nef. — 51 *Dans C. l'ordre des vers est* 50, 53, 55, 54, 56, 51, 52, 57. — 56 travail femme p. — 57 Seus ke. — 59 Ainz unkes avendrunt; *corr.* Avisunques (*cf. S. Alexis*, 115 *e, et la note de G. Paris*). 61 ert par mecredi. — 62 Sertes je le vus di de fi. — 64 m. et annuius. — 65 edunc *omis*. — 66 E, bien, *omis*.

67 Gens de vines mut travailent
Gardins en plusurs liu[s] failent
Uwailes, peunies defunt (?)
Etes et mel memement (*sic*) averunt.

69 averez la. — 72 P. et nent e.

Des plus grantz cretines serrunt.

Quant la Nativité ert par Ven- [derdi,
Sachez, verraiment le vous di,
Iver averez merveillouse,
Mult pesaunt e ennuiuse,
Ver bon e secch esté,
E de furment graunt marché.
Dolur des oez mult serra
Entre la gent qe mout demurra;
Aust ert secche e assez de blé,
E de vin, sachez, a grant plenté;
Petiz enfanz mult murrunt,
Batailles de chivalers mult er- [runt,
Estranges noveles parorrez
Entre princes e coronez.
Owailles cel an perirunt,
E boefs e vaches issi frunt.
Cil qi en cel an nesterunt
Fors e luxuriouse pur veirs ser- [runt.

Quant la Nativité ert par Samedi
Iver averés trubles, le vous di,
Esté bon, ver ventouse,
Aüst moist e travaillouse.
Veuz home cel an murrunt,
E blees par lius chiers serrunt.
Mult femmes habunderunt.
En cel an mult nesterunt;
Neifs e craitines multiplierunt.
Roseez e pluvies grans serrunt,
E ees forment descresterunt,
Car poi de bien coillerunt;
E cil q'en cel an nestrunt
Ains unkes bons serrunt.

Le reste du fol. 393 et les ff. 394 à 399 *a* sont occupés par divers morceaux latins dont je me contenterai de donner ici une brève indication : 1° « *Quando puer nascitur.* Si natus fuerit homo die dominica... » Pronostics tirés du jour de la naissance. — 2° « *De etate hominis.* Prima « etas infancia... » Division de la vie de l'homme en six âges. — 3° « *De* « *sanguinis minucione.* Quarta luna bona... ». Jours de la lune où il est avantageux ou périlleux de se saigner ou de prendre médecine. — « 4° « *De receptione medicinarum.* Mense Januario sanguinem non minuas... » Il est question des endroits où il faut pratiquer la saignée, selon les jours de la semaine. — 5° « *De tonitruo experimentum.* Mense Januarii si tonitrus « sonuerit... » Pronostics tirés du tonnerre. — 6° « Sententie « Danielis hec sunt : Arma in sompno portare... » Signification des songes. — 7° « *De sacramentis ecclesie.* Quot sunt sacramenta Ecclesie... »

On voit que la plupart de ces morceaux ont trait à des superstitions qui ont été très répandues jusqu'à une époque voisine de la nôtre. Il n'y a pas d'utilité à publier ici ces petits textes isolément. Ce sont des « matériaux », dira-t-on. Mais des matériaux trop dispersés courent bien

74 De plues g. — 80 g. plenté. — 82 m. muera (?) — 83 sec aset ert b. — 84 v. mut g. p. — 87 par tere verret. — 88 e *omis.* — 91 pur veirs *omis.* — 94 trublus de fi. — 95 Ivern esté et veir e tayus (?) — 99 femmes mut. — 100 mutes n. — 101-2 Fustens (?) et plues mut serrunt | Neifs e tertines abunderunt. *Au v.* 102 traitine *ou* tertine *doit être corrigé* cretines. — 104 quiller porrunt. — 105 Icil ke sel an. — 102 Enviz unkes bon s.; *corr.* Avisunkes, *cf. v.* 5..

risque de ne pas trouver qui les emploie. Je forme depuis longtemps un dossier des pièces de ce genre que je rencontre dans mes recherches. Le nombre en est déjà considérable, et j'en ferai quelque jour un volume.

24. — La légende du bois de la croix — Récit qui se rencontre sous une infinité de formes. J'en ai signalé quelques-unes, il y a bien des années, dans un compte rendu critique du *Mystère de Jésus* édité et traduit par M. de la Villemarqué [1]. Depuis le sujet a été repris et étudié avec autant d'érudition que de sagacité par M. Mussafia [2], par M. W. Meyer [3], enfin par M. H. Suchier [4]. Toutefois il reste encore beaucoup à dire sur certains points, notamment sur l'histoire de la légende dans la littérature française. Il y aura lieu de distinguer les rédactions en prose et en vers, et d'examiner ce qu'on trouve sur ce sujet dans les compilations, notamment dans l'*Image du monde*. Pour ce moment je me borne à dire que la version conservée dans le ms. GG. I. I., caractérisée surtout par son prologue, n'est pas celle qu'on rencontre le plus fréquemment dans les mss. J'en signalerai une autre copie dans le ms. O. I. 17. ff. 273 v° à 279, de Trinity Coll. Cambridge. Voir aussi Fr. Michel, *Tristan*, I, LVII.

Ici comence la romance del seinte croyz e de Adam nostre premere piere (f. 399 *d*).

Qui vodra saver e oyer de la verrai croiz, dunt ele vint e de quel fut ele crust, e come longement le abre fu vert, e qi le porta à Jerl'm, met enver moy amiable entente, e jeo lui cuntera[i] la verité, solum ceo que l'em trove en escrit en ebru une partie e grant partie en latine.

Adam nostre prumere piere, quant fu getté hors de paradis terrestre pur sun pecché, cria en haut voiz la misericorde de Dieu, e Dieu par sa pité e par benigneté li [5] perizomata, ceo est une manere de peliz, e promist a lui ke lui envei[e]roit le oyle de misericorde en le plenté de temps. Puis vint Adam e sa femme en le val de Ebron, e la suffrist meinte travaille en mal aan e en sun(t) cors e en dolur de sun quoer, e la engendra de sa femme deuz fiz, Caym e Abel.

Fin (fol. 402 *c*):

E quant li felons Jeues le urent dampnez e jugés a la mort, si dist un de

---

1. *Revue critique*, 1886, I, 221,

2. *Sulla leggenda del legno della croce*, comptes-rendus de l'Acad. de Vienne, classe de philosophie et d'histoire, LXIII, 165-216 (1869).

3. Dans les mémoires de l'Acad. de Munich, classe de philosophie et de philologie, XIV, III (1882), 101 et suiv.

4. *Denkmæler provenzalischer Litteratur u. Sprache*, I, 165-200 et 525-8. Je constate en passant que la version provençale publiée par M. Suchier comme texte *A* est traduite d'un texte français fort répandu et non du latin.

5. *Sic, manque un verbe; p. e.* dona? *latin:* indutus perizomate.

eus par prophecie : « Pernez cele fut qe gist dehors la vile, outre cele russel ; si en fetes une croiz de .vij. cutes de lungure, e de quatre coutes en travers. » Si firent comme lur fu comandé e crucifierent (*d*) nostre Seignur Jhesu Crist desus, qe nous sauva par sa dusur e par sa bunté, si nous deservir volums. En ceste manere come jeo vous ai cunté Dieu voleit qe nostre redempcioun veneit de meime le lu e de meime le arbre, dount nostre perdicioun surdi primerement; e de meime le fruit, e de meisme la bouche crust nostre salvacioun. E issi come nous sumes par femme o Dieu descordez, issi sumes par femme a ly reconciliez »,

La dernière colonne du feuillet 402 est occupée par un morceau attribué, ici et en maint autre texte, à saint Jérome. On le trouve dans l'*Historia scolastica* de Pierre Le Mangeur (*Hist. evang.*, ch. 141). Inc. : « *Invenit Jeronimus in annalibus Judeorum de .xv. diebus ante diem judicii.* Primo, eriget se mare in altum .xl. cubitis super altitudinem montium... »[1].

25. — Abrégé de la Bible en vers rhythmiques.

Compendium historiarum (fol. 403).

Vos qui concupiscitis statum vestrum scire,
Hec signa tractabitis que dant invenire
Omnia que possitis de nobis audire ;
Quid estis vel eritis hic est reperire.

26. — Miracle de la Vierge. — Ce miracle a quelque rapport avec celui du clerc malade d'un cancer à la bouche que la Vierge Marie visita en songe et guérit en lui donnant le sein. Réduit essentiellement à ces termes, le récit se rencontre sous des formes nombreuses[2]. Mais ici il y a quelque chose de plus. Le clerc est transporté en songe dans un jardin magnifique où on distingue particulièrement vingt-trois fleurs dont l'une l'emporte sur toutes les autres en beauté. Comme dans toutes les visions relatives à la vie future, il est accompagné d'un guide, un ange dans le

---

1. Voici le début d'une autre rédaction (Ms. d'Evreux n° 9, fol. 138 ; XIIe siècle) :
Signa que evenient .xv. diebus ante diem judicii, sumpta ex annalibus Hebreorum.
« Maria omnia in altitudine .xv. cubitorum exaltabuntur super montes excelsos, orbem terrarum non affligentia, sed sicut muri equora stabunt. Omnia equora prosternentur in unum... » — C'est la version citée d'après saint Thomas d'Aquin par Mlle Michaëlis, *Archiv.* de Herrig, XLVI, 58.

2. Texte latin : Vincent de Beauvais, *Spec. Hist.* VII, LXXXIV (éd. de 1624, p. 251-2) ; version provençale. *Romania*, VIII, 18-9 ; version française en vers de Gautier de Coincy, éd. Poquet, 342-6. Ces trois textes representent une même forme, où le moine se dévore lui-même la langue et les lèvres. Une autre forme, où, comme dans les textes qui nous occupent, le moine souffre d'une maladie de peau, est traitée par G. de Coincy, 345-54. *Cf.* encore la rédaction du ms. fr. 818, fol. 62. Quant aux versions en prose française, il serait trop long de les énumérer.

cas présent, qui lui fait savoir que ce jardin est le Paradis, ou quelque chose d'approchant, et lui explique la signification allégorique des vingt-trois fleurs. La Vierge opère, par le procédé susindiqué, la guérison du clerc, qui, néanmoins, meurt plein d'espérance après avoir conté sa vision à son évêque.

Sous cette forme, à laquelle on pourrait donner le nom de « vision du champ fleuri » le miracle se rencontre en trois rédactions, toutes en vers et d'origine anglaise, à savoir dans le recueil de Miracles de la Vierge d'Adgar [1]; 2° dans le fragment que j'ai en partie publié, ci-dessus, pp. 272-3; 3° dans le texte ci-après. Je ne prétends nullement indiquer ici l'ordre chronologique de ces trois rédactions; je suis toutefois porté à croire que celle d'Adgar est la plus ancienne. La troisième, dont on trouvera ci-après l'analyse accompagnée de quelques extraits, ne nous a pas été conservée seulement dans le ms. de Cambridge : elle se trouve encore à la fin d'un recueil de miracles de la Vierge, paraissant former un ouvrage complet en soi, dont l'unique ms. (sauf erreur) appartient au Musée britannique (Old Roy. 20. B. XIV). M. Neuhaus en a édité les vingt-quatre premiers vers [2] pour compléter la rédaction d'Adgar qui a cet endroit offre une lacune. Il y a, entre les diverses rédactions, quelques différences dans le détail de l'allégorie. Je crois néanmoins qu'elles dérivent toutes trois d'un même récit latin, qui n'a pas encore été retrouvé.

Miraculum sancte Marie Virginis
(fol. 404 *d*).

Entre les overaines de charité
Ke ad fet la Reyne par sa pité,
Une douce fet vous cunteral
E puis après me reposerai.
Vers Europe, en cele partie,
Estoit un clerk de bele vie.
Mout fu devout en seinte eglise
E la dame ama sanz feintise. (*f.* 405)
Come plus finement l'enama
De plus en plus se delita,
Si cum encountent [3] ses amis chiers
Cele clerk estoit un des primers
Ke les [4] houres primes complia;
Pur ceo unke après ne fina
De dire les doucement;
A lui servir mout bien s'entent,
Ove lermes mout très pitousement
Les oures diseit mult sovent [5].

Atteint d'un cancer à la bouche, le clerc se voit abandonné de tout le monde sauf de son évêque qui l'avait pris en affection et ne cessait de le conforter par

1. *Adgar's Marienlegenden*... hgg. von C. Neuhaus (Heilbronn, 1886), pp. 29-37.
2. Ouvrage cité, pp. 28-29.
3. *B* recuntent.
4. *B* Ki ces.
5. *Ces quatre vers sur une même rime sont réduits à deux dans B:* De dire les devoutement | Les oures disert mult sovent.

de bonnes paroles. Un jour qu'il s'était endormi, le malade eut une vision. Un ange l'emmena en une délicieuse prairie. Il y vit vingt-deux fleurs qui surpassaient toutes les autres en beauté et en parfum. Une vingt-troisième, plus belle encore, avait sept pétales. L'ange lui explique ces merveilles : le champ lui est donné en récompense de l'amour qu'il a porté à la Vierge. Les vingt-deux fleurs sont les psaumes qu'il a chantés en son honneur. La fleur qui l'emportait sur toutes,

Ceo est la premere saume de prime [(f. 405 d)
Ke en i ajustates vous meïsme,
Deus in nomine tuo vous l'apelez.
La signifiaunce tost en saverez :
N'est pas la greindre, mès la meinur ;
Seet foilletes ad en sa flour,
En la saume sunt .vij. vers, ceo quide[1] :
Ces sunt les .vij. graces del Seint [Esperit ; (f. 406)
Ceo est la signifiaunce des flurs
E des graindres et des menurs.

Bientôt le clerc entre en un temple en or bruni, tout enrichi de pierres précieuses. Il y voit la Vierge Marie qui l'appelle à lui et le presse dans ses bras,

Si come fere soleit sun fiz
Quant il estoit jeovenes e peti(ti)z,
Taunt q'ele mette sa blaunche mayn,
Sa seinte mamel trest hors de sun seyn [(f. 406 b)
E al clerc la mist en bouche.
E il le très douce let en souche
De la bouche qe fu si orde.
Si le dist la mere de misericorde :
« Suchez, beau fiz, suchez a trete ;
« Sachez qe grant bien vous fete.
« Cest[e] mamele qe habounde
« Nurrist le creature de universe [munde,
« Qe fist tuit, [e] ciel e tere :
« Par ceste porez ta saunté conquere.
« N'est pas dreit qe taunt seez grevée,
« La bouche qe m'ad souvent louée. »

Le clerc se reveille guéri. La puanteur qu'exhalait sa bouche se change en une odeur délicieuse. La nouvelle de cette cure merveilleuse se répand, l'évêque est averti. Le clerc lui demande la communion, et meurt après l'avoir reçue.

E vous seignurs, ne doutez mie (f.
Ke la dame ne l'ad seisie [406 d)
Ke tiele secour li out mustré
La mist en joie que n'ert finé.
E le vesque cel(e) seint(e) cors prent
Si[l] mist en sarcu mult noblement.
Issi rent a chescun sun servise
La douce dame en meinte guise,
E qi bonement e bien la sert,
Sachez, sun servise pas n'i pert.
Benoit soit la mere nostre Seignur
Par qe est achevé (cele i)cest(e) labur[2],
Amen.

27.— Apocalypse en français.— Version dont il existe un très grand

---

1. *Le psaume LIII* (Deus in nomine tuo) *a en effet sept versets.*
2. *Ms.* lobonr.

nombre de copies, surtout en Angleterre. Elles sont souvent ornées de miniatures ; parfois les peintures occupent la plus grande partie de chaque page et ne laissent au texte que quelques lignes. Ici l'illustration est assez copieuse, mais la qualité en est fort ordinaire. Sur cette version voir *Romania*, VIII, 326, note 3, et surtout S. Berger, *La Bible française*, pp. 78 et suiv. Le texte commence ainsi (fol. 407) :

Seint Pol li apostle dit qe tuz iceuz qi veilent piement vivre en Ihesu Crist, qe il suffrunt persecucion. Mès nostre trés duz seignur Jhesu Crist ne voet pas qe ces esliz defaillent en tribulacioun ; pur ceo les cunfort il de sei meismes e donne ve[r]tu de sa grace, e dit : « Ne eiez poūr, jeo su od vous tuz les jours « deskes a la fin de ceste siecle.... »

Fin (fol. 439 v°) :

Ceo qe il dist : « La grace nostre sire Jhesu Crist seit od vous tcuz » signe-[fie] la vie de grace qe Nostre Sire ad donné a seinte eglise par la mort Jhesu Crist e par sa resurreccion, desqe ele viegne a la vie de glorie. Jhesu Crist le fiz seinte Marie, qi est un Dieu tut puissaunt od le pere e Seint Esperit, nous alume les quors de verray creaunce e esleve par ferme esperaunce e esprenge par verrai charité, e nous doint issi en li vivre e morir qe nous puissum ove li en sa glorie en cors e en alme saunz fin reguer. Amen.

Ici finist la pocalipse en romance.

28. — Le Roman des Sept Sages, en prose. — C'est la version la plus répandue, celle qu'a publiée Le Roux de Lincy, à la suite de l'*Essai sur les fables indiennes* de Loiseleur Deslongchamps (1838). Les nombreux mss. qu'on en possède se répartissent en divers groupes que G. Paris a déterminés dans sa préface aux *Sept Sages de Rome*[1]. La copie que renferme le ms. GG. 1. 1 appartient au groupe *A* de ce classement.

Ici commence le livre qe est appelee le set sages en romaunce (f. 440).

A Rome out une emperour qi out a noun Dioclicien. Il out femme Eve ; de cele femme li fu remès une heire malez. Li emperere fu veuz, e li enfes out ja .vij. anz. Un jour appelle li empereres ses .vij. sages chascun par soun noun...

29. — Physionomie. — Du *Secretum secretorum* attribué à Aristote s'est détaché de bonne heure un chapitre, le dernier, qui a souvent été copié et traduit comme un opuscule à part, qu'on n'hésitait pas à attribuer à Aristote. Les versions françaises de cet opuscule sont nombreuses, et l'une d'elles a été imprimée à la fin du xve siècle[2]. Pour les distinguer et les classer, il ne faudrait rien de moins qu'un véritable mémoire, qui

---

1. *Société des anciens textes français*, 1876 ; voy. pp. x-xxvj.
2. Voy. sur les éditions de cet opuscule le catalogue de la Bibliothèque J. de Rothschild, I, 104-7 (n°s 191, 192).

ne saurait prendre place dans cette notice. Je me borne donc à donner ici le début et la fin du texte du ms. de Cambridge :

De phisenemie (f. 464 *c*).

Que ceste phisenemie voudra juger, ne mette ja sa entente en un soul significacioun, mès joignez ceals qe il purra plus apertement veer e saver. E quant contrarie avigne des significacions, si amesure dunk les vertuz e les tesmoignes, e solum ceaus qe plus acorde juggez hardiement. E si devez savoir que les significacions de la face e des oeils sunt plus fermes e plus estables qe les altres.

De la complexion de la teste et de la cervele.

La frome (*sic*) de la cervel estent (*sic*) e petite est figure del cerveiler...

Fin (fol. 466 *b c*) :

Nature de femme.

Femmes de toute maneres de bestes sont plus diverses de corage e meins purrunt suffrir, e plus tost (*c*) sunt turnez e tost corucez e tost appaissez, e plus cointes de mal engyn, e abatauntz sanz vergoine; e unt petite teste e subtive face, subtive col, piz e espaules estreites, subtive flanc, quises grossez de aumbe pars, e les nages charniz e sunt moles; les uns hardives e les uns plein de cowardies.

Explicit.

30. — Pronostics selon le mois de la naissance; à l'explicit : « *constellation.* » — Nous avons rencontré plus haut (p. 325) un court morceau latin indiquant les pronostics à tirer du jour de la naissance. Ici, comme en certains almanachs, le pronostic dépend du mois. Le texte est en prose rimée, forme qui a été souvent employée pour des pièces populaires de cette nature. En tête se trouve un prologue dont l'auteur s'efforce de répondre par avance aux objections que pourraient soulever les prévisions qui suivent.

La nature de home par sa naissance, prose[1] (f. 466 *c*)

Pur ceo qe solum les diversetés du temps se chaungerent les establementz des homes, auxi solum les diversetés de ordre de nature se chaunge, ne pas de tut, e ceo n'est pas par defaut de art, mès par la complexioun de l'home que est chaungé. E pur ceo, vous qe lirrez les choses ensuiant, ne vous enmerveillez mie come eles firent[2] inpossibles, car si il n'est pas cum l'art enseigne, ceo n'est pas pur defaut d'art, mès par la diverseté de complexion de home. E quant il parle

1. Ou prose? *Ce mot est surprenant; la table placée au commencement du volume porte :* De nature des homes e de femes solum le tens de lur naissance.
2. *Corr.* furent.

qe home deit aver aventure bone pur feamme espuser, signefie benefice de seinte eglise, come espousaille, etc.

De home nee en Jenevere.

Enfaunt madle né en Genever, amable, coveituse, voluntrifs serra e irrous...

Fin (*f.* 469 *a*):

Femme née en Decembre doutouse e hontuse serra, e ses enemis venquera; de treis seignurs enfauntz avera; de sun baroun joïe serra; de haut en ewe chaiera; par ses parents joie avera; après sun trent an a dignetê vendra; denz le .xx. ans ne se enmariera; en sun quinte an enmaladiera; de chien morse serra; en l'an .xxvij. dolur des oils avera; .c. anz vivera; se garde qe ele serve Deu leaument e toutes choses venquira.

Explicit constellacioun.

31. — Les dix-sept points de la confession. — Court traité d'un caractère assez populaire, qui commence ainsi, à la suite du précédent, au fol. 469 *a*:

Ici comence .xvij. pointz qe deivent estre en confession solun qe sunt recapitelez.

Aprise de vous confesser, ceo est asaver:
Adeprimes confession deit estre fet purement, kar primes devez coiller en vostre quoer les pecchez de tuz vos ages...

Ce petit traité finit au fol. 470 *b*. Il est suivi de quelques paragraphes en latin pour aider à faire son examen de conscience, en suivant l'ordre des péchés capitaux. Suit un traité, également en latin, sur l'Oraison dominicale.

32. — (Fol. 470 *d*) *Incipit exposicio oracionis dominice, scilicet* PATER NOSTER. Hec autem obsecratio oracio dominica vocatur quia eam Dominus docuit...

33. — Légende de Pilate, né d'une mère nommée *Pila* et dont le père se nommait *Atus*. Cette composition, qui obtint au moyen âge un succès considérable, a pris place dans la légende dorée de Jacques de Varragio, au chapitre LIV, *De resurrectione Domini*, édit. Græsse, p. 231 l. 21 à p. 234 l. 18.

(Fol. 472 *c*) *De origine et pena Pilati.*

Rex fuit quidam qui puellam nomine Pilam filiam cujusdam molendinarii nomine *Atus* carnaliter cognovit et de ea filium generavit. Pila autem ex nomine suo et nomine patris sui, qui dicebatur *atus*, unum nomen composuit...

34. — Débat en vers sur la question si souvent agitée au moyen âge de savoir qui vaut mieux en amour des clercs ou des chevaliers. Le plus ancien des écrits que nous possédons sur ce sujet délicat est probablement un poème latin des premières années du XIIe siècle au plus tard, où la scène du débat est placée à Remiremont [1]. Un peu postérieure est l'*Altercatio Phillidis et Floræ*, si souvent copiée et plusieurs fois publiée [2]. C'est en latin encore, mais en prose, que la même question est débattue dans le traité d'André le Chapelain. En français, on connaît jusqu'ici trois débats de ce genre; deux composés en France: *Florence et Blancheflor* [3], *Hueline et Eglantine* [4], et un troisième composé en Angleterre et qui porte dans le ms. unique qui l'a conservé, le titre de « Ceste de Blancheflour et Florence [5] ». Le petit poème, jusqu'ici tout à fait inconnu, dont je vais citer les premiers et les derniers vers a été également composé en Angleterre. La scène se passe à Lincoln. Les dames qui soutiennent les deux thèses opposées s'appellent l'une Melior, l'autre Idoine. Comme dans *Florence et Blancheflor* le débat aboutit à un duel judiciaire où deux oiseaux (ici le rossignol et le mauvis) figurent comme champions, tandis que dans le poème latin de Phillis et Flora et dans *Hueline et Eglantine* le jugement est prononcé par le dieu d'amour.

Le débat du ms. de Cambridge a 404 vers. Il contient des détails intéressants qui appellent un commentaire. Je me propose de le publier en une autre occasion, en le rapprochant des écrits du même genre dont je n'ai pu donner ci-dessus que l'indication sommaire.

Ici troverez quel vaut mieuz a amer, gentil cler ou chivaler (fol. 474).

Ky aventures veut oïr e ver,
Il ne puet touz jours demorer
A ese ne a sojourn trere,
Mès aler deit estrange tere
Pur aprendre affetement
Les maneres d'estrange gent.
Ki plus loinz va plus verra,
E plus des aventures savra.
Jeo le sai bien, car prové l'ai:
En ma juvente m'en aloy
En plusurs teres a oïr
Aventures pur retenir.
Eu tens de may, ceux longe jours,
Chauntent oyseaus e creissent [flours,
Par un matin m'en levoi,
Si mountoy mon palefroi,
E aloi vers une cité
Qe Nincol est appelée...

---

1. Publié par Waitz, *Zeitschrift f. deutsches Alterthum*, VII, 160, d'après un ms. de Trèves, qui serait du commencement du XIIe siècle ou même du XIe, cf. l'*Archiv* de Pertz, VIII, 598. Des corrections ont été apportées par M. Waitz à cette première édition, *Zeitschrift*, nouvelle série, IX, 65.
2. Voy. Hauréau, *Notices et extraits des mss.*, XXIX, 2e partie, 305.
3. Barbazan-Méon, IV, 354.
4. Méon, *Nouv. Rec.*, I, 353.
5. Ms. de la vente Savile, n° 44, actuellement dans la bibliothèque Phillipps; j'en ai cité quelques vers dans la *Bibliothèque de l'Ecole des Chartes*, 5e série, II (1861), p. 279.

Fin (fol. 476 *c*):

Idoigne veit sun chaumpioun
Mort gisir en sabloun;
En haute voix comence e crie:
392 « Allas! allas! jeo suis trahi! »
Dunc cheïst, si s'en pauma (*c*);
E la dame s'escria.
Les puceals s'assemblerent
396 E en la sale la porterent.
Jeo ne sai qe vint après;
Jeo me tourny tout de lès;
Si mountoi moun palefroi,
400 E a l'hostel tuit dreit aloi.
Si jeo euse dormy a tel houre,
Ne use pas veut tele aventure.
Mieuz est li clers a amer
404 Qe li orgoillouse chivaler.

Ici finist quel vaut mieuz a amer gentille clerc ou chivaler.

35. — Les proverbes de Hending en anglais. — Hending est un personnage populaire, et sans doute imaginaire, à qui sont attribués en Angleterre les proverbes qu'en France on mettait dans la bouche du vilain. Les quatre premiers couplets du texte de notre ms. ont été publiés par M. Halliwell Phillipps, *Reliquiæ antiquæ*, I, 193-4. La pièce entière a été éditée d'après un autre ms. dans le même recueil, I, 109-16, et dans Mætzner, *Altenglische Sprachproben*, I, 304-11. Début:

Ici commence le livre de Hending (fol. 476 *b*).

Jhesu Crist, al folkis rede
That for us all tholed dede
Upon the rode tre
Lern us alle to be wise
And to hendi in Godis servise;
Amen par charité!
« Wel is him thas wel ende mai »,
Quod Hending.

36. — Extrait de l'Evangile de l'enfance. — Ce n'est qu'un extrait ayant à peu près 600 vers. Le début et la fin manquent. L'ouvrage complet a environ 1100 vers dans un ms. de la Bodleienne, *Selden supra* 38, qui correspond au nº d'ordre 3426 des *Catalogi* de Bernard. M. Bonnard a mentionné, de seconde main, ces deux mss. dans son mémoire sur les traductions de la Bible en vers français au moyen âge (pp. 237-8), mais il n'a pas reconnu qu'ils renfermaient le même ouvrage, et n'a pas remarqué davantage la curieuse particularité de versification qui s'observe dans l'un comme dans l'autre : c'est que les vers riment quatre par quatre, sans pourtant former de véritables quatrains,

---

398 *Pour* d'eslès.

puisqu'il n'y a pas d'arrêt constant après le quatrième vers. L'exemplaire complet d'Oxford contient dans les derniers vers le nom de l'auteur, ou, plus probablement, du copiste, qui paraît avoir été en même temps l'enlumineur du ms.

.... Johan ad nun;
Deu li gard de honisoun.

Et l'explicit, d'une écriture postérieure à celle du manuscrit, est ainsi conçu : « Ci est fine du enfauncie de nostre Seignour. *Jehan* « *Raynzford* me doit. » Je lis *Raynzford* et non Baynzford, comme on a lu jusqu'à présent. Il n'est pas sûr que ce personnage ne fasse qu'un avec le « Johan » mentionné plus haut.

Il existe du même poème un troisième ms. qui appartenait naguère à A.-F. Didot; le n° 26 de la vente de 1881. C'est un ms. du xve siècle, et le poème des *Enfances* y est attribué par la rubrique à Charles VI : « Cy commancent les enfances nostre Sire et partye des miracles qu'il « fist en son enfance; et si commancent en la maniere qui ensuyt par « vers rimés, translatez de latin en françoys par le roi Charles VIe ».

Je ne sais comment expliquer cette attribution, qui est évidemment erronée, puisque le poème est antérieur d'un siècle peut-être à l'avènement de Charles VI. Mais la comparaison du texte d'Oxford et de Cambridge avec celui du ms. Didot soulève un curieux problème. Le second de ces textes nous offre des vers disposés non plus par quatrains, mais par paires. Par suite, sur quatre vers, deux sont considérablement remaniés. On jugera de la différence des deux leçons par le passage suivant, qui fait suite au prologue, et offre proprement le début du récit :

SELDEN SUPRA 38.	MS. DIDOT.
Kaunt Jhesucrist li bonurez (*f.* 1 *v°*)	Quant Jesucrist nostre doulx pere (*f.* 2)
De sa mere esteit nez,	Fust né de la Vierge sa mere,
Cum le angle l'out anunciez,	Com par l'angel fut devisez,
Marie en out dunc joie asez.	Marie eust de la joye assés.
Tost après dunc mis estoit	Si com Jhesucrist nés estoit
En une creche veir tut dreit	En une creche fut mis droit
U bos e asne dunc mangojt;	Ou ung asne et ung beuf mangoyent;
E l'un e l'autre ben savoit	Et l'ung et l'autre bien savoyent
K'il fu Deu ki la fu mis,	Que c'estoit Dieu qui la fust mis
E k'il en terre fu tramis	Et qui en terre fut tramis
Pur sauver touz ces amis.	Pour son peuple d'enfer geter.
E ci esteit il circumcis,	Cuer d'omme ne pourroit panser
E puis al temple presenté,	Com en avoit grant voulenté,

E mout estoit desirree
De Simeon li bonuré
Ke taunt out de li chaunté.

Puiz fut au temple presenté
Ou il moult desirez estoit
De Symeon qui fain avoit
Que entre ses bras le tenist
Ainz que de ce siecle fenist[1];
Avant que Jhesus fust naissans
On en avoit chanté cent ans.

Mais quelle est la rédaction originale? Celle, semble-t-il, dont le ms. Didot nous a conservé une copie tardive. C'est, je le crois du moins, ce que démontrerait une comparaison suivie qui ne saurait prendre place ici.

La source du poème est une rédaction du *Pseudo-Matthæi evangelium*, ou *liber de infantia Salvatoris*, plus étendue que les textes publiés par M. Schade et par Tischendorf. Les rubriques du texte de Cambridge sont rédigées en vue de miniatures qui se trouvaient sans doute dans le ms. d'après lequel cet extrait a été fait. Du reste le ms. d'Oxford est orné de nombreuses peintures.

Voici le début de l'extrait inséré dans le ms. *GG*. 1.1 :

Ces sunt les enfantesces nostre Seignur quant il esteit en tere od sa mere (f. 479 *c*).

Ore vous dirrai de une enfaunt
Quant en tere fut conversaunt.
Marie ov sun fiz ala
E Joseph qui il mut ama;
Mut de dragung encuntra,
E chescune li enclina.
Marie prist dunc sun enfant, (*d*)
Si li tint en sun devaunt;
Poüre out de bestes graunt,
Car ele vist venir itaunt.
Des licuns vindrent assez

E autres bestes de quatre pez;
Berbis e lowes i sunt alez
Qui nul n'ont autre damagez.
Puis bien chescun entendeit,
Ki trestut bien veir esteit
E qui issi[2] nous diseit)
Quant prophecie demustreit. (*f.* 480)
Il mustra bien par ses dis
Qui quant Marie out un fiz
Lowe mangerent uel ov berbis
Sanz mal fere e sanz estris.

Ici Marie descendi de la mule, e Joseph la sit[3] *pur chaut suz un arbre portaunt fruit.*

Le tierce joure en verité
K'il esteint fors alé
De la tere al maluré,
Il fesoit chaud mut grant
Qui le solail fut mut resplendissant,
E Marie de meintenant
Joseph apele, si li dist atant:
« Sire Joseph, de veir sachez,

« Qu'iceste chaut me nut assez.
« Pur ceo, sire, me reposez
« Desuz cele arbre qe vous veez. »
Bien lui pleist, si lui diseit.
Joseph la meine à l'arbre dreit,
E de la mole sur quel ele seit
Joseph Marie si avalait.

1. *Corr.* s'en ist. — 2. *Corr.* Ceo q'Ysaïe : *Ms. Didot* : Que toute verité estoit | Quanque demonstroit Ysaye. — 3 *Corr.* l'asist.

Ici abeisa une[1] *portant fruit a la voiz de Jhesu, e Marie en manga de cele fruit.*

Marie dunc veir reposa

. . . .

L'extrait se termine par le miracle du teinturier, qui fait défaut dans les textes latins édités par Tischendorf et par M. Schade[2].

Ms. de Cambridge (*f.* 484 *b*)

« Bon est » fist il « qi jeo mette
« Ma main en ceste chauderette. »
Un drap trove de escarlet,
Riche e bon e bel e net,
Et quart il out les treis trové,
Si come il furent devisé,
Il ad sovent Dieu loé (*d*)
Qui si bien l'ad recoré[3]
Des dras qui il bailla a Jhesu,
Qui bien quidoit aver perdu
Quant il a l'ostel fust venu,
Mès ore n'est il pas deceü.

Ms. Didot (*fol.* 32)

« Bon est » fet il « que encor mette
« Ma main en ceste chauderete. »
Sa main y bouta maintenant,
Une escarlate y trouve errant
Belle et bonne par bon samblant.
Quant il ot lez .iij. draps trcuvez
Ainsi qu'il lez a devisez
A Jhesus le petit enfant,
En son cuer en ot joye grant.
Il en a Dieu souvent loué
Qui trestout ly avoit presté.
Pesé ly a fort, sans doubtance,
De sa trés mauvaise creance.

37. — Le Brut d'Angleterre abrégé. — Chronique qui s'étend depuis la venue du fabuleux Brutus en Angleterre jusqu'à la mort d'Edouard I. J'en ai transcrit quelques extraits dans mon mémoire sur *quelques chroniques anglo-normandes qui ont porté le nom de* Brut (*Bulletin de la Société des anciens Textes*, 1878, pp. 104-145) auquel je me borne à renvoyer le lecteur. Je ne connais pas d'autre exemplaire de la rédaction qu'offre le ms. GG. 1. 1.

38. — Complainte sur la mort d'Edouard I. — Cette pièce historique n'a été reconnue jusqu'à présent que dans notre ms., d'après lequel elle a été publiée par Th. Wright, *Political songs of England* (Camden Society,

1. *Un mot a été omis : ce peut être* arbre, rain *ou* paume. *Il y a dans le texte ch.* XX (*éd. Schade, p.* 39) : « Flecte arbor ramos tuos... Et confestim ad hanc vocem inclinavit palma cacumen suum ».

2. Il se trouve dans le texte arabe et dans l'évangile grec de Thomas, voy. A. Kressner, *Die provenzalische Bearbeitung der Kindheit Jesu*, dans l'*Archiv* de Herrig, LVIII (1877), 298-9.

3. *Corr.* recovre *ou* restoré.

1839), p. 241-2[1], ce qui n'empêche pas qu'elle a été complètement passée sous silence dans le catalogue imprimé des mss. de l'Université (voy. III, 7), comme aussi dans le *Descriptive Catalogue* de Sir Th. Duffus Hardy. Elle offre la forme *abab bcbc*[2] employée au XIIIe siècle, mais surtout usitée au XIVe siècle et au XVe. Elle fait suite immédiatement au *Brut*, qui s'arrête à la mort du roi Edouard I. Elle occupe la fin de la colonne *b* du fol. 489 et les colonnes *c* et *d* du suivant. Le premier couplet est ainsi conçu :

Seignurs, oiez pur Dieu le grant,
Chançonete de dure pité
De la mort au rei vaillaunt;
Homme fu de grant bounté,
E qe par sa leauté
Mut grant encuntre ad sustenue.
Ceste chose est bien provée :
De sa terre n'ad rien perdue.

Prions Dieu en devocioun
Qe de ses pecchez le face pardoun.

Le reste de la colonne (*d* du fol. 489) est occupé par divers morceaux très courts :

Ke de enfaunt fet rey e prelat de vileyn, e de clerc fet cunte, dunke vet la tere a hunte.

Wos maket of a clerc hurle
And prelat of a cheurle,
And of a child maked king,
Than ne is the londe undirling.

Le catalogue de la bibliothèque de l'Université dit (III, 7) que ces vers paraissent se rapporter à la mauvaise administration d'Edouard II. Cela est possible. Ils ont pu, du reste, trouver plus d'une fois leur application dans l'histoire d'Angleterre. Mais l'idée qu'ils expriment est d'origine biblique et est bientôt devenue proverbiale : *Væ tibi, terra, cujus rex puer est !* (ECCLE. X, 16)[3].

---

1. Cf. *Hist. litt.*, XXVII, 44-5.
2. Le premier couplet a deux vers de plus, mais c'est un refrain qui sans doute devait être répété après chaque couplet.
3. Un ms. du commencement du XIIIe siècle (Bodl. Digby 53) nous a conservé ceux vers latins (avec leur équivalent anglais) qui peuvent être cités ici (voir mes *Rapports*, p. 175) :

Ve populo cujus puer est rex, censor agrestis,
Exterus antistes ! hii mala multa movent.

Le reste de la colonne est complété par diverses notes statistiques en latin sur l'Angleterre et l'Irlande. — Fol. 490 *a* : « *Qualiter caput hominis* « *situatur.* De ista materia tractat Thomas in prima parte Summe... »

39. — (Fol. 491) *Hic incipiunt auctoritates.* — Recueil de sentences latines, tirées de la Bible, des Pères de l'Eglise, de Sénèque, etc.

40. — Le Livre de Sidrac. — Je me borne à citer les premières lignes de cet ouvrage qui a été, comme on sait, extrêmement répandu, mais sur l'origine duquel nous ne sommes encore qu'imparfaitement renseignés :

(Fol. 495) *Ceste livre de Sydrac le philosophe q'est apelé le livre de la fontaine de toutes sciences.*

La purveaunce de Dieu le piere tut puissaunt ad esté du commencement du mounde e est e serra sanz fin de gouverner e de sauver toutes les creatures esperitueles e asquels il avait otrié paradis si en eus ne demorast...

41. — *Le Blâme des femmes.* — Pièce dont on a plusieurs copies qui parfois diffèrent assez en elles pour constituer des rédactions distinctes. J'en ai indiqué cinq en 1877 dans la *Romania*, VI, 499 et depuis une sixième dans le *Bulletin de la Société des anciens Textes*, 1883, 99. Cette dernière, que nous a conservée un ms. de Rouen, ressemble beaucoup à celle du ms. fr. 1593. Ajoutons que les 26 derniers vers de ce poème sont transcrits, entre le fabliau des quatre souhaits de saint Martin et un fragment du *Chastie-Musart*, dans le ms. Digby 86 ; voy. la notice de M. Stengel, p. 38. Au nombre de ces copies n'est pas comprise la rédaction très corrompue dont je vais rapporter les premiers vers et qui se rapproche notablement du texte du ms. Harleien publié dans les *Reliquiæ antiquæ*, II, 221.

Ici commencent les propretés des femmes en romaunz (fol. 627 *a*).

Oez, seignurs, e escutez
E a ma parole entendez.
Ki en femme trop met sa cure
Sovent serra saunz honure ;
Ki femme aime ou femme prise
Sovent en vient a gref juïse ;
Ki femme [...?] ou femme creit
Sa mort brace e sa mort beit,
Senz pris e sanz luer se vent,
Il fet la hard dunt il se pent.
Qui ces vers avera en remenbrance
Doutera femme plus que nul lance...

Suivent (fol. 28 *a*) ces hexamètres qui ont de nombreux analogues dans la poésie latine du moyen âge :

Qui capit uxorem capit absque quiete laborem,
Longum languorem, lacrimas, cum lite dolorem,
Pondus valde grave, verbosum vas sine clave,
Quod nulli claudit sed detegit omne quod audit.
Uxorem duxi quod semper postea luxi.

42. — Formule de confession.

Confessio (fol. 628 *a*).

Jeo me rend coupable a nostre Seignur Jhesu Crist e al Seint Espirit, treis persons e un Dieu en Trinité, e a Nostre Dame seinte Marie pucele e mere Jhesu Crist e a tuz seinz e a seinte Eglise...

Le pénitent, qui s'accuse, entre autres méfaits, d'avoir « souvent doné a menestreus donz », termine ainsi (fol. 629 *a*) :

De tuz pecchez avaunt nomez, e des autres pecchez qe me sovent nient, a Dieu omnipotent e a nostre Dame seinte Marie a tuz seinz e a vous mon pere espiritel me rend coupable, e de ceo demande venie ou pardoun.

Suivent la formule latine de l'absolution et une prière, latine également, à la Vierge.

43. — Les trente-deux folies. — Commencement (fol. 629 *b*) *Ke nul bien ne set e nul ne veut aprendre.* Ce petit poème, où chaque vers définit un genre de folie ou plutôt de sottise, a été publié, d'après notre ms., par M. Halliwell-Phillipps dans les *Reliquiæ antiquæ*, II, 235[1]. Deux autres textes de la même pièce ont été publiés par M. Jubinal (d'après un ms. du Musée britannique) et par M. P. Heyse d'après un ms. de Florence. Ces trois textes se rattachent à une même rédaction. Une quatrième copie, beaucoup plus étendue (elle a plus de soixante vers) a été publiée jadis par moi dans le *Jahrbuch für Romanische und Englische Literatur*, VI (1866), 55, d'après le ms. Arundel 507. J'en ai trouvé depuis une cinquième copie, qui se rattache à la rédaction la plus courte, dans le ms. de la Bodleienne *Selden supra* 74, fol. 59 *d*.

44. — Recueil de miracles de la Vierge, en latin. — Dans l'état actuel du ms., les miracles sont au nombre de vingt-trois, mais le dernier feuillet du cahier a été enlevé. Inc. (fol. 629 *c*) : « *Hic incipiunt miracula* « *beate Marie.* In Alemania, in quadam abbathia monialium, miles seduxit « domicellam... » Le dernier est le miracle bien connu du clerc qui se noya étant ivre, et à qui, pour ce fait, la sépulture ecclésiastique devait être refusée, lorsqu'on vit qu'il avait dans la bouche un morceau de parchemin sur lequel était écrit : *Ave Maria gratia plena.*

---

1. La copie est exacte, sauf qu'au v. 2 il faut lire *acreit* et non *acceit*.

GG.4.32. LES PRINCIPALES ORAISONS EN VERS.

Parchemin, 138 feuillets, de 242^{mm} sur 167. Ecrit de diverses mains dans la seconde moitié du XIVe siècle. C'est un recueil de morceaux théologiques et de prières qui a probablement été composé par un ecclésiastique pour son usage personnel. Certaines pièces, qui occupent les trente derniers feuillets, et qui se rapportent à l'administration du diocèse de Londres, portent à croire que le compilateur du ms., ou du moins celui qui y a mis la dernière main, appartenait au clergé de ce diocèse. La description donnée par le catalogue étant suffisante, je me bornerai à extraire de ce recueil des versions en vers français du symbole des apôtres, du *Pater*, de *l'Ave Maria*, du symbole de saint Athanase, versions tout à fait différentes de celles qui ont été publiées ou signalées jusqu'à présent[1].

On remarquera que chacun des articles du premier *Credo* est accompagné, en marge, du nom de l'apôtre à qui la tradition l'attribuait.

Entre les lignes du *Pater* sont écrites quelques gloses latines qui pouvaient fournir les éléments d'une exposition de cette oraison.

La paraphrase du Symbole de saint Athanase est un peu longue : elle a 178 vers. J'ai cru suffisant d'en publier vingt.

Le même ms. contient quelques prières anglaises qui ont été publiées dans les *Reliquiæ antiquæ*, I, 159-61.

(F. 12 v°) *Hic incipit Credo in gallicana lingua.*

Jeo croi en Dieu pere puissaunt
Petrus Ki ciel e terre fist plaisaunt,
Andreas E en son fiz seintifié,
Qui Jhesu est apelé,
Nostre Sire tut soulement,
Qui est as siens garnissement;
Johannes Qui en gloire est conceüz
Du Seint Esperit par vertu,

---

1. Pour le *Pater* en vers français, voy. ci-dessus p. 322, art. 21; pour l'*Ave Maria*, voir *Romania*, XIII, 527, art. 35 et ci-dessus p. 322, art. 22. Pour le symbole des apôtres, voir Bonnard, *Les traductions de la Bible en vers*, pp. 142-4, et ci-dessus, p. 321, art. 20. Les paraphrases en vers du symbole de saint Athanase sont plus rares; j'en puis citer une du XIIIe siècle dans le ms. 43 de la Faculté de médecine de Montpellier, fol. 65 *c*. Une autre, du XVe siècle, a été imprimée à la fin des Grandes Heures de Vérard; voy. le Catalogue Rothschild, I, 19 (n° 22, art. 82).

E nez est auxi saunz blemure
De Marie la Vierge pure;
Jacobus major Souz Ponce Pilate turmenté,
Mort, enseveli, crucefié;
Thomas En enfer descendant ala,
Le tierz jour de mort releva;
Jacobus minor E puis au ciel sa voie prist,
Au destre Deu tut droit s'assist;
Philippus D'iloek après vendra juger
Les vifs e mors au jour si fer.
Bartholomeus Je croi en le seint Esperit,
Mattheus En seint Eglise tut parfit,
Simon Cananeus Des seintz cors communion,
Relès de pecché e pardon,
Judas Thadeus E de la char relievement,
Mathias E vie pardurablement
Avoir en regne celestre.
Dieu le me doinst, si puisse il estre! *Amen*.

Pater noster in eadem lingua.

Peticio contra superbiam.
Nostre pere qui es en ciel,
Spiritus timoris Domini.
Beneit seit ton nom duz com mel.
Contra invidiam, spiritus pietatis. Contra iram,
Ton regne aviegne e ton voler,
Spiritus sciencie.
Ou ciel e terre soit plener.
Contra tristiciam, spiritus fortitudinis.
Nostre pain de chescun jour
Nous donne hui par ta douçour.
Contra avariciam, spiritus consilii.
E nos dettes lessez a nous
Si com a nos dettours lessons.
Contra gulam, spiritus intelligencie.
En temptacion ne nous menez,
Contra luxuriam, spiritus sapiencie.
Mais de nos maus nous delivrez. *Amen*.

Ave Maria in eadem lingua.

Deu vous saut, Virge Marie,
De grant grace replenie.
Od vous demoert le rei Messie
Qui outre touz ad seignorie.
Benoite soiez e loée

Plus qe nule femme née
E le douz fruit soit honoré
De vostre douz ventre alosé. *Amen.*

Ici comence Quicumque vult *en franceis* (f. 13 *b*).

Kiconkes[1] voet s'alme sauver,
Si li bosoigne bien garder
La haute fey de seintc Eglise,
Ke Jhesu Crist eyme e prise.
Qui ne la garde enterement
Saunz feintise e duement,
Sachez q'il pert son avenaunt
Sauaz recovrir a remenaunt.
Si est tele la seinte fey
Com ci après vous monsterray :
Un soul Deu en Trinité
E touz les treis en unité
Devom loer parfitement
Et honorer de bon talent,
Ne les persones entermellaunt
Ne la substance desevraunt.
Si est autre la persone
Du Piere qi siet en trone,
Autre du Fiz, com est escrit,
E autre du Seint Esperit....

Fin (fol 14 *b*) :

Cest creance de termine
Vaut a ceus qui sont lettré,
Mais laye gent n'ont pas engin
A bien entendre mout devin,
E cil qi n'ad entendement
La plus courte crede aprent.

GG. 6. 28. — 1. NICOLE BOZON, LE CHAR D'ORGUEIL. — 2. L'ORDRE DE CHEVALERIE. — 3. LA PETITE PHILOSOPHIE. — 4. LES PÉLERINAGES DE TERRE SAINTE. — 5. RAPPORT DU PATRIARCHE DE JÉRUSALEM A INNOCENT III. — 6. DESCRIPTION DE LA TERRE-SAINTE.

Parchemin; 200^{mm} sur 133; écriture proprement anglaise des environs de l'an 1300; il y a ordinairement trente lignes ou vers par page. Un feuillet manque au commencement et le bas du premier feuillet subsistant est mutilé. Ce livre vient de l'évêque Moore[2].

1. — NICOLE BOZON, *Le Char d'Orgueil.* — J'ai fait connaître cet ouvrage en décrivant le ms. Phillipps 8336; voy. *Romania*, XIII, 514-8. Je dois ajouter qu'une poésie dont j'ai cité les premiers vers dans la même notice, p. 532 (art. 43) se rattache évidemment au *Char d'Orgueil*, Dans

1. J'écris *kiconkes* en un mot parce que l'auteur a probablement cru reproduire exactement le *quicumque* du latin, mais en réalité les deux mots sont très distincts (ce dont les étymologistes, y compris Littré, ne se sont pas aperçus) et en tout autre cas j'écrirais *ki c' onkes*.

2. C'est peut-être le n° 118 de Bernard (II, 364) : « Poemata aliaque oratione soluta, gallice. 8°.

cette poésie, que je publierai dans la préface des contes de Bozon, l'auteur, le frère mineur, Bozon fait en quelque sorte amende honorable d'une violente attaque contre les femmes qu'il avait introduite dans le *Char d'Orgueil*. Je vais transcrire présentement les premiers et les derniers vers du texte du ms. de Cambridge, et aussi quelques couplets du morceau sur les femmes.

Quant pur nule perte de temperance (?) (*fol.* 1.)
Maudit sa vie, le tens qe il fu nee.

Geta (?) de sa cowe ly ad tost oustee
La grace du seint Espirit dount fu arusee,
Si est de la bowe par tant enbouwee,
Il avercyt bien le mester de estre bien waee [1].

Or parloun des limouns qe ces singnefient :
Crualté des baillifs qe les povres lyent,
Qe nule part pount guenchir, mès a terre se plient,
Donont leur deners e mercy si crient.

On pourra comparer ce qui suit au texte du ms. Phillipps et à celui du ms. de Londres publié par Th. Wright (voy. *Romania*, XII, 516). Les variantes sont peu considérables.

Ke dirom de dames quant viegnent a festes? (*fol.* 3 *v°*)
Les unes des autres avysont les testes,
Portent les boces com cornues bestes;
Sy nule seit descornue, de ly font les gestes.

Des braz font la joie quant entrent la chambre,
Mostrent les covrechef de seye e de kaunbre;
Attachent les boutouns de coral e de launbre
Ne sessent de jangler, taunt com sont en chaunbre.

La maundent les brouès [2], se aseent au dyner,
Jettent les barbes, la bouche pur overer.
Sy entrast alors un nise esquier,
De un privé escharn ne purreyt mye fayler [3].

Deus [4] vistes vallez unt assez a fere,
Servir les totes checon a plere :

---

1. Part. de *waer*, le même que *gaer*, laver dans un gué.
2. *L.* bruoys.
3. Il y a ici dans le ms. Phillipps un couplet de plus.
4. Il faut probablement lire ainsi dans le ms. Phill. où j'ai lu *O eus*.

Le hun a le quisyne le vyaunde a quere,
Le autre en la boteleryе bon vyn a trere.

Quant eles unt dyné tut a granf leysyr,
Se erdent ensemble de privement parler;
Le une de l'autre encerche sovent le quer,
Si ascune priveté puisse alocher.

Pur ceo, damoysele, en tele assemblée,
Tenez la buche de mesure enselée,
Kar sy hors de quer rien eyez contée
Vus serez pur fole entre eles jugee[1].

Fin (fol. 8) :

Pur ceo, seynours, haston nos, haston a confession,
Taunt cum cens nous est graunté de trover remission,
Kar si nous seyouns tyeus, ke taunt atendoun
Ke les chivals seyent ferrez de fers de obstinacionn;

E les fers seyent tachez des clous de desperacion,
Ja ne esteyt penser de trover donk pardoun,
Kar ja en male vies trop loung tens avom:
Ceo est la fin de tous pechez e clef de perdycioun[2].

Qui vodra cest escrit sovent regarder
Il en avera matire de sei confesser,
Kar tote manere de peché poez issy trover,
Fors qe soule priveté qe ne fet pas a counter[3].

Mès, hé las ! trop i ad icy de nous enemys
Dount nous sumus en mound de totes pars assis.
Icy sont assemblé unze vinz e dys,
De forclore la veye qe meyne a parays.

Mès jo vus dirray mon conseyl pur ben eschaper:
Pernons congé de la dame, si la lessom passer,
E tenom nous au destre par un estreyt senter,
Ceo est de amer Deu e sur tote rien doter.

---

1. Ce couplet manque dans *L*.
2. Pour ces deux couplets le texte est visiblement meilleur que celui du ms. Phillipps.
3. J'ai dit par erreur (*Rom.* XIII. 517, note 1), que ce couplet manquait dans le ms. de Cambridge. Ce qui a causé mon erreur, c'est que l'ordre des couplets est différent dans le ms. Phillipps. L'ordre suivi ici me paraît meilleur.

Priom hore douz Jhesu qe tote rien poet fere
Qe il nos deyne sa grace taunt com sumus en terre,
Cele veye a tenir e cele part a trere
Qe venir pussom au pays ou jammès ne avera guere.
Amen.

2. — L'Ordre de chevalerie. — Poème composé en France qui paraît avoir été goûté en Angleterre, car nous en avons déjà rencontré deux copies dans des mss. exécutés en Angleterre [1]. Celle-ci est la troisième.

Ici comence le ordre de chivalers (fol. 8 v°)

Jadis estaynt en paynye
Un roy de mout graunt seygnurye,
Et fu mout loeal sarazyn :
Il out a noun Salaadyn.
En il cel (*sic*) tens de coel bon roy
Firent a gens de nostre loy
Les Sarazins mout graunt damage
Par lour orgoyl, par lur outrage ;
Et taunt ke une fez avynt
Ke a la batayle un prynce vynt,
Houge out noun de Tabarye,
Et out ove ly grant compaynye
De chyvalers de Galilée,
Kar sires ert de la countrée...

Fin (fol. 15) :

Certes, hom deist mout hayr
Cil qe les tient en viltee,
Kar jeo vous dy pur verytė
Ke le chivaler ad poer
De touz ses armes aver
E en seinte eglise a porter
Kaunt il deit la messe escoter,
Ke nul mauveys ne contredye
Le sakerment au fyz Marye.
Par icel digne sakerment
Averom nous tretouz sauvement,
E si nul hom le veut dedyre
Il ad poer de ly occyre.

3. - La Petite Philosophie. Voy. ci-dessus, p. 257.

4.— Les pèlerinages de la Terre Sainte. — Inc. : « Ki dritement veut « aler en Jerusalem, primerement deit aler de Acre a Caïphas, en quel « chemin, a mayn senestre, est la montaigne de Seynte Margarete de « Carme... » Opuscule destiné aux pèlerins qui visitaient la Terre Sainte, et dont on a plusieurs rédactions publiées dans les *Itinéraires à Jérusalem* de la Société de l'Orient latin (1882) sous les n°s VI et X; le texte même du ms. de Cambridge est imprimé dans ce volume, pp. 189-193 (n° X, texte *B*); voy. la préface placée en tête de ce volume par M. le comte Riant, p. xxvij. M. Riant pense que si la copie a été faite en Angleterre, le texte original était français. Cette hypo-

1. Le ms. Phillipps et le ms. Johnson; voy. *Romania*, XIII, 530.

thèse admise, il n'y aurait rien d'invraisemblable à ce que les différentes rédactions de ce guide du pèlerin en Terre Sainte eussent pour origine commune un texte latin jusqu'ici non retrouvé; cf. Riant, ouvrage cité, p. xix.

5. — Rapport du patriarche de Jérusalem (Aimaro Monaco † 1202) à Innocent III, sur l'état des Sarrazins. — L'original de ce rapport, rédigé, cela va de soi, en latin a été publié plusieurs fois. On trouvera l'indication détaillée de ces éditions dans une note de l'ouvrage de M. le comte Riant, *Haymari Monachi de expugnata Accone liber tetrastichus* (2e édition, 1866), p. 63. La version française dont le ms. de Cambridge contient une copie se rencontre en un grand nombre de mss. et a été publiée par Sinner dans son catalogue des mss. de Berne (III, 344 ss.) et par Hopf, qui la croyait inédite, dans ses *Chroniques gréco-romanes*, pp. 29 et suiv. Une autre version, toute différente, et qui d'ailleurs n'est pas complète, se trouve insérée dans la chronique dite du ms. de Rothelin, *Hist. occid. des Croisades*, II, 520-2.

(*Fol.* 57) Li apostle de Rome Innocent vout saver les custumes de la tere des Sarazins, eynz ke [1] le hoste des crestiens ert apresté e apareilé. Si manda al patriarche de Jerusalem ke il enqueïst la verité e les custumes e les nums des hauz Saracins ke tenent les terres..,

6. — Curieuse description de la Terre-Sainte, traduite du latin, qui doit être insérée dans un des prochains volumes de la Société de l'Orient latin, et dont je me borne par conséquent à transcrire quelques lignes.

(*Fol.* 61 *v°*) La terre de Jerusalem est assise en milieu le mund; ceo est a saver en miliu la terre ke est habitable. E ceo put hom saver par ceo ke le philosophe dist: Nostre Seigneur Jhesu Crist overe saluz en miliu la terre kaunt il suffri passion pur humagne lignage, *vel* ligné [2]. Nepurkant acuns entendent ceo de la Virgine Marie, de la quele Nostre Seignur prist char pur nostre sauvere [3]. E cele terre est en greyndre partie pleyne de montaignes; si est plentivus de herbes e de tuz bens...

Fin (fol. 69):

E si eslurent un sire Fulke de Aungo, fort hom e prochein parent le rey. *Explicit.*

---

1. Il y a dans le texte latin *ad quos* ou *contra quos*, selon les copies; il faudrait donc en français *contre qui* ou *encontre lesquels*, comme en d'autres mss.
2. Cf. PSALM. LXXIII, 12.
3. Corr. *sauveté*.

7. — Le roman des Sept Sages. — C'est la version publiée par Le Roux de Lincy dont nous avons déjà rencontré, dans le ms. GG. 1.1, un exemplaire; ci-dessus, p. 330. Celui que nous a conservé le ms. GG. 6. 28 ne paraît pas avoir été signalé jusqu'à présent.

(*Fol.* 69 *v°*) Il avint qu'il ot .j. empereour a Rome ki ot non Deoclicyens. Il ot une femme. De cele femme li fu remys .j. oir. Li empereres fu vieus et li enfes ot bien .vij. ans. Li empereres apela les vij sages chacun par son non...

Le ms., incomplet de la fin, s'arrête (fol. 117) au conte de la marâtre (Le Roux de Lincy, p. 66):

E pus remet la clef a la coreie a l'enfant toust belement qe li enfes n'en sot mot, tant que ce vint a l'endemain au mangier on demanda la coupe on le quist et on ne le pot mie trover...

(*Le reste manque.*)

MM. 6. 4. — Manuel de péchés.

Parchemin, 190^{mm} sur 125, première moitié du XIVe siècle, 261 feuillets dont les 99 premiers contiennent l'un des meilleurs textes qu'on ait de l'ouvrage de William de Wadington, ou, comme il est ici nommé, de « Widendonne ». Les vers sont écrits à deux par ligne. Le texte est précédé d'une très longue rubrique.

Cy comence le romaunz ky est apellé Manuel de pechez, lequel est departi en .ix. liveres. Et si sunt fluris de beus cuntes, de auctorités de seins, chescun solun sun afferant. — Le premer lyvere est destincté sure les duze articles de la fay. Le secund parout de .x. comaundemens. Le tierz tuche les .vij. pechez morteus. Le quart oevre les racine de sacrilegie. Le quint espunt les .vij. sacremens de seint eglize. Le sime sermune coment e pur quey l'en deyt hayr peché. Le setime anseingne queus choses sunt nusaunz a confessiun e queus choses profitaunz. Le utime quele vertu ad seint oresun. Le nevime oresuns certeyns a Jesu Crist e a duce mere Marie. Le queus .ix. liveres entendaument parlus, funt sovent les lisaunz e les oyaunz maus lesser e vertuz enbracer. Ore comence le prologe del lyvere ke est apelé Manuel de pechez :

La vertu del seint Espirit
Nus seit eydaunt en set escrit
A vus teus choses cy mustrer
Dunt homme se put confesser,
E ausi en queu manere,
Ke ne fet pas bien a tere;
Kar ce est la vertu del sacrement
Dire le peché e coment.

Tuz pechez ne poūm conter,
Mès par taunt se pot remembrer
E ses pechés mut amender
Ky cet escrit veut regarder.
Primes dirrum la dreyte fey
Dunt est fundé nostre lay
Laquele ad .xij. poinz provez
Ke sunt articles apellez...

Fin :

De Deu seit beneit chescun humme
Ke prie pur WILLIAM DE WIDEN-
Kar ky pur autre prie et hure [DONE ;
Pur sey memes, dit hum, labure.

En Deu finisse cest escrit,
En pere e fiz e seint Espirit.
Amen.

Le reste du ms. est occupé par divers ouvrages en latin.

Je lis au fol. 179 v°, ces quatre vers qui ne sont pas relevés dans le catalogue :

Canonici cur canonicum quem canonizastis
Canonice, non canonice decanonizastis.
Est reprobum reprobare probum quem [vos] reprobastis ;
Sic reprobos reprobando probos vos esse probastis.

Ces vers sont connus : je les ai publiés une première fois, d'après le ms. Digby 53, dans mes *Rapports* (p. 176). On les retrouve, écrits au XVe siècle sur un feuillet de garde du ms. d'Arras 799[1]. Enfin M. Delisle en a publié les deux premiers d'après un ms. de Tours où ils sont attribués au célèbre et cependant mystérieux Primat[2].

Le catalogue imprimé indique comme se trouvant dans ce volume un feuillet arraché à un poème français dans lequel on peut reconnaître, à l'aide des six vers cités, le fragment de Tristan publié en 1856 par M. de La Villemarqué dans les *Archives des Missions*, V, 97-8. A cette époque ce feuillet était détaché et « confondu », nous dit l'éditeur, « avec une foule de feuilles de vélin dépareillées ». Signalé par M. de La Villemarqué, il fut joint au ms. MM. 6. 4, mais il ne s'y trouve plus. Bradshaw l'en a retiré pour l'annexer à un recueil de statuts commençant par la *Magna carta*, auquel il avait servi jadis, paraît-il, de feuillet de garde, le n° DD. 15. 12 de la Bibliothèque de l'Université. C'est un morceau précieux, car il ne fait double emploi avec aucun des poèmes ou fragment de poèmes de Tristan que nous possédons[3].

---

1. *Catalogue général des mss. des bibliothèques des départements*, IV, 317.
2. *Bibl. de l'Éc. des Ch.*, 6, IV, 605. Cf. Hauréau, *Notices et extraits*, XXIX, II, 261.
3. J'ai collationné l'édition de M. de La Villemarqué sur le ms. Voici les principales corrections à faire : Recto, v. 3, *Sorvient un par estrangéor* lis. *Sorvint .j. par estrange eür.* — V. 6, suppr. *i*, qui du reste fausse le vers. — V. 7, *nains*, lis. *nain.* — V. 11, *j'amenerai*, lis. *i amerrai.* — V. 13, *Aidonc lesrai*, lis. *Ardoir les frai.* — V. 26, *povez*, lis. *porez.* — Verso, v. 1, *conquerre*, lis. *querre.* — V. 4, *hart*, lis. *hait.* — V. 10, *baisier*, lis. *baisiés.* — V. 11, *A* lis. [*D*]*e.* — V. 13, *li*, lis. *si.* — V. 16, *Vous*, lis. probablement (le mot est effacé) *Que.* — V. 17, *deleuranche*, lis. *desevranche.* — V. 20, *nostre*, lis. *vostre.*

Je termine ce mémoire en groupant quelques notes sur un certain nombre de mss. auxquels il ne m'a pas paru nécessaire de consacrer des notices détaillées, soit parce qu'ils ont déjà été décrits, soit à cause de leur peu d'importance.

DD. 5. 5. — Bréviaire franciscain, partie d'été. — Si je donne place ici à une note sur ce manuscrit, qui est tout en latin sauf les rubriques, qui sont en français, c'est parce qu'il est sûrement d'origine française, c'est aussi parce que je dois à mon regretté ami Bradshaw le peu que je puis en dire. Il est aussi mal décrit que possible dans le catalogue imprimé, qui l'attribue au xve siècle, quand il est incontestablement antérieur à 1377, qui en fait un « Breviarium secundum Sarum »[1], qui surtout ne fait aucune mention des armoiries qui sont peintes en divers endroits. Dès 1871 Bradshaw avait attiré mon attention sur ce bréviaire, m'engageant à en publier une description dont il m'eût fourni tous les éléments. J'obtins de lui assez facilement la promesse qu'il se chargerait de la rédiger, mais ceux qui ont connu l'obligeant et *shy* bibliothécaire de l'Université ne seront pas surpris d'apprendre que ce projet, non plus que bien d'autres plus importants, n'eut aucune suite. Ce qui m'avait frappé de prime abord, et ce que je pus apprendre à Bradshaw, c'est que l'écriture de ce bréviaire est celle de certains copistes qui ont travaillé pour Charles V. On observe même en plusieurs endroits, autour des miniatures, ces encadrements tricolores à forme d'accolade qu'on trouve dans beaucoup de beaux manuscrits exécutés à Paris, principalement pour des bibliothèques royales ou princières, pendant toute la seconde moitié du xive siècle[2]. Les armoiries qui ornent plusieurs pages du Bréviaire sont celles de Marie de Saint-Paul, comtesse de Pembroke, qui fonda le collége de Pembroke, à Cambridge[3]. C'est là le renseignement que je tiens de Bradshaw. Le reste était dès lors facile à trouver. Marie de Saint Paul était fille de Gui de Châtillon, comte de Saint-Paul († 1317)[4], et de Marie fille de Jean II duc de Bretagne. Sa grand'-mère, l'épouse de Jean II, était une fille de Henri III d'Angleterre. Marie

1. Cette erreur est corrigée de la main de Bradshaw sur l'exemplaire en service à la Bibliothèque de l'Université.

2. M. Delisle a dressé une liste de cinquante-cinq mss. qui présentent cet ornement caractéristique; voy. *Cabinet des manuscrits*, III, 328-9 et 391. M. S. Berger de son côté a fait un relevé des bibles françaises qui offrent la même particularité, *La Bible française*, p. 286.

3. C'est un écu parti de Pembroke (burelé d'argent et d'azur à neuf merlettes de gueules en orle sur l'argent) et de Châtillon Saint-Paul (de gueules à trois pals de vair au chef d'or chargé d'un lambel d'azur de trois pièces).

4. Voir sur ce personnage A. du Chesne, *Hist. de la maison de Chastillon*, 275-80, et le P. Anselme, VI 106.

de Saint-Paul épousa en 1321 Aymer de Valence, comte de Pembroke, qui mourut en 1324[1]. Elle fonda, outre Pembroke Hall, l'abbaye de Denney (comté de Cambridge) et y transporta les religieuses que Lady Denise de Munchensy avait établies à Waterbeach près de Cambridge[2]. Elle mourut le 16 mars 1377[3].

DD. 11. 78. — Ms. de la fin du XIIIe siècle, qui vient de John Moore, et qui renferme un grand nombre de poésies latines, en général sur des sujets religieux, parmi lesquels huit fables en vers élégiaques, dont l'une, la première (*De rustica et lupo*), est imprimée dans les *Reliquiæ antiquæ*, I, 204). Elles se rattachent plus ou moins indirectement aux fables 1, 2, 3, 5, 15, 19, 34 et 37 d'Avianus. La forme métrique et les sujets sont identiques, quoique la rédaction soit très différente[4]. Il s'y trouve aussi (fol. 45) un texte des neuf joies de Notre Dame: *Reine de pité Marie,* | *En ki deïtez pure e clere*... pièce souvent copiée[5] qui a été attribuée à Rutebeuf. Au fol. 188 r° on lit ce singulier hexamètre qui ne paraît se rattacher à rien de ce qui précède ou de ce qui suit:

Carbones *charbuns*, nos *nus*, comburimus *arduns*.

EE. 1. 20. — Ms. du XIVe siècle, parchemin, 142 feuillets, contenant (ff. 1-78) le *Manuel de pechés* de William de Wadington et la chronique en prose connue sous le nom de *Brut* ou *Brut d'Angleterre*, se poursuivant, dans cet exemplaire, jusqu'à la mort d'Edouard I (1307). J'ai indiqué ce ms. dans mon mémoire sur les chroniques anglo-normandes qui ont porté le nom de *Brut*, voy. le Bulletin de la Société des anciens textes français, 1878, p. 124. Il appartient à la seconde rédaction. Il vient de la collection de Moore et figure sous le n° 66 dans l'inventaire publié par Bernard (*Catalogi*, II, 363 et 400).

FF. 6. 17. — Ms. du roman de Horn, décrit et publié par M. Fr.

---

1. On trouvera les armoiries de ce personnage et un sommaire de sa vie dans James E. Doyle, *The official baronage of England*, (London, 1886, 8°), III, 9.
2. Voy. *Monasticon Anglicanum*, new ed., VI (3e partie), 1549. Cf. *Romania*, VIII, 501, note.
3. Voir en général Th. Fuller, *The History of the University of Cambridge* (1655), p. 41 et Ch. H. Cooper, *Memorials of Cambridge*, I, 49-51.
4. Je tiens de M. L. Hervieux, dont la compétence est si grande pour tout ce qui touche à l'histoire de la fable ésopique au moyen âge, qu'on ne connaît pas d'autre ms. de la rédaction qu'offre le ms. de Cambridge.
5. Voy. *Romania*, XIII, 511, où sont indiquées sept copies de cette pièce, y compris celle de Cambridge. Une huitième copie se trouve dans le ms. Bibl. nat. fr. 12786, fol. 90 *d*.

Michel dans son édition (Bannatyne Club, 1845), puis par M. Rudolf Brede dans une dissertation de doctorat (*Ueber die Handschriften der chanson de Horn*, Marburg, 1882, p. 11).

GG. 1. 15. — Première rédaction du *Brut* en prose, s'étendant jusqu'à 1333. Toutefois le ms. est incomplet de la fin et s'arrête à 1326. Voy. le Bulletin de la Société des anciens textes, 1878, p. 117.

GG. 4. 6. — Roman de la Rose provenant de l'évêque Moore. C'est un grand volume sur parchemin écrit en France dans la seconde moitié du XIVe siècle et orné de miniatures assez médiocres. J'ai noté que le second feuillet commençait par *la matinée atrempée*, mais je n'ai retrouvé cet incipit dans aucun ancien catalogue.

II. 6. 17. — Petit in-quarto, papier et parchemin, écrit au XVIe siècle. Contient, entre un grand nombre de traités médicaux et autres dont on trouvera l'indication dans le catalogue, deux lettres françaises dont l'une (fol. 99) adressée par la duchesse de Bourgogne, Jacqueline de Bavière, à l'évêque de Winchester en faveur du Sire de Bussy fait prisonnier par Rodrigue de Villandrando[1], et une suite de phrases usuelles en français et en anglais (ff. 100-106) dont quelques-unes ont été publiées par M. Stuerzinger, *Orthographia gallica*, p. XV.

II. 6. 24. — Ms. de la seconde moitié du XIIIe siècle, exécuté en Normandie, qui contient des annales en latin, diverses chroniques françaises de Normandie, une ancienne version du Pseudo-Turpin et une partie du *Lucidaire* en vers. Il en paraîtra une notice détaillée dans un prochain volume des *Notices et Extraits des Manuscrits*.

KK. 4. 20. Ms. en parchemin, écrit de diverses mains au XIVe siècle. Aux feuillets 56-8 est copié un sermon sur le texte *Misericordia et veritas obviaverunt sibi*; *Justicia et pax osculatæ sunt* (Ps. LXXXIV, 11). Il commence ainsi : « In versiculo isto insinuat propheta hodierne festivitatis « misterium... »[2]. Suit un poème bien connu sur le même sujet :

(Fol. 58 *c*) *De eodem in galli*[*c*]*o*.

De quatre sorurs vus voil dire

---

1. Je l'ai communiquée à feu Quicherat qui l'a publiée sous le nº V des pièces justificatives de son *Rodrigue de Villandrando* (1879).

2. Sermon qui se rencontre assez fréquemment dans les mss., par ex. Bibl. nat. lat. 12419, fol. 56 et 13583, fol. 139.

Ke filies sunt Deu nostre Sire.
Quatre sors i sunt numrez [1]
E par diverse nuns numez;
Merci fu la primere né
Ke tute fu pleine de pité.

De ce poème, certainement écrit en Angleterre, je connais trois copies, qui ne sont probablement pas les seules : Musée brit, Harl. 1801 fol. 127; Arundel 292 fol. 25, et Corpus Chr. Coll. Cambridge 50 fol. 102. Ce dernier ms. diffère très notablement des autres. Le dit des quatre sœurs a été publié d'après le ms. Arundel par M. Fr. Michel, dans son édition du Psautier d'Oxford, pp. 364-8.

MM. 4. 44. — Chronique universelle en français, s'étendant jusqu'en 1308. — Parchemin, 122 ff. à 30 lignes par page. Hauteur 250^{mm}, largeur 190. Ecrit en France au commencement du XVe siècle. Le premier feuillet est orné d'une lettre peinte et d'une vignette. Ce livre vient de l'évêque Moore, et devait être en Angleterre dès la fin du XVIe siècle, car le nom d'un ancien possesseur « H. Langley », écrit vers ce temps, se lit sur le dernier feuillet de garde. Les premiers mots du second feuillet sont *deleuve comença*. Cette chronique, que je n'ai du reste examinée que superficiellement, ne m'a pas paru offrir un grand intérêt. Il suffira d'en rapporter ici les premières et les dernières lignes, pour permettre de reconnaître s'il en existe d'autres exemplaires, ce qui est probable.

Au commencement du monde, puis que Dieux ot fait ciel et terre, tenebres et lumere et les quatre elemens divisiez (*sic*) l'un de l'autre, si fist diverses creatures, herbes et arbres, poisons (*sic*), oysiaux et bestes pour le monde aourner. Et veulent plusieurs dire que le monde fu fais ou mois de mars, qui est le premier mois de l'an, selon les Ebrieux....

Fin:

En cest an mesme mourut l'emperis de Constantinoble femme mons^{r} Charlon frère du roy Philippon de France [2]. En cest an mesme, le jour de la conversion saint Pol, furent les noches faictes en l'eglise Nostre Dame en Bouloingne du roy d'Angletere [3] et de Madame Ysabel fille du roy de France. Et y furent present li roys de France e li rois de Navarre, messires Charles et messires Loys, Philippes et Charles, li dus de Bretaigne, li dux de Brebant et li dus de Bourgoingne, li quens Robers de Flandres et li quens de Haynau.

---

1. C'est la leçon du ms. Arundel, qui peut aussi, à la rigueur, se lire ici. Le ms. Harleien porte *mulierez* ; dans le ms. de Corpus ce vers et les dix-sept suivants font défaut.
2. Catherine de Courtenai, femme de Charles de Valois, mourut le 2 janvier 1308.
3. Edouard II.

MM. 6. 15. — Je me borne à signaler, aux ff. 105-8 de ce manuscrit, une nouvelle copie du petit poème relatif au miracle de Sardenai que M. Raynaud a publié ici même (XI, 531) d'après un ms. de Tours, et dont il a depuis (XIV, 81) fait connaître deux autres mss., l'un à Londres, l'autre à Oxford. Le catalogue en cite dix vers, les huit premiers et les deux derniers. Il ne me semble pas douteux que ce poème a été composé en Angletere.

TABLE DES MSS. DÉCRITS.

	Pages.
DD.5.5	350
DD.10.31	241
DD.11.78	351
DD.12.23	262
EE.1.20	351
EE.2.17	264
EE.3.52	265
EE.3.59	265
EE.4.26	268
EE.6.11	268
EE.6.16	270
EE.6.30	272
FF.1.33	273
FF.3.31	275
FF.6.13	277
FF.6.15	281
FF.6.17	351
GG.1.1	283
GG.1.15	352
GG.4.6	352
GG.4.32	342
GG.6.28	344
HH.3.16	276
II.6.17	352
II.6.24	352
KK.4.20	352
MM.4.44	353
MM.6.4	348
MM.6.15	354

TABLE DES AUTEURS ET DES OUVRAGES.

	Pages.
Anne (sainte), hymne latin et français à — (EE.6.15)	271
Apocalypse en français (GG.1.1)	329
Auctoritates, sentences latines (GG.1.1)	339
Ave Maria traduit en deux quatrains (GG.4.32)	343
— traduit en couplets coués (GG.1.1)	317, 322
— paraphrasé en quatrains (GG.1.1)	306
AVIANUS, tables latines imitées d' — (DD.11.78)	351
Bible, abrégé de la — en vers latins rhythmiques (GG.1.1)	327
Bible en français (EE.3.52)	267
Bible française (EE.3.52)	265
BIBLESWORTH, voir GAUTIER DE —	
Blâme (le) des femmes, poème	

Pages.

(GG. 1. 1) 339

Bonté (la) des femmes, poème (GG. 1. 1) 315

BOZON (NICOLE), *Le Char d'Orgueil*, poème (GG. 6. 28) 343

Breviaire de Marie de Saint-Paul (DD. 5. 5) 350

Brut (le) d'Angleterre, abrégé prose (GG. 1. 1) 337

Brut (le), chronique s'étendant jusqu'à la mort d'Edouard I (EE. 1. 20) 351

— jusqu'à 1333 (GG. 1. 15) 352

Calendrier hygiénique (FF. 1. 33) 274

Chansons d'amour (DD. 10. 31) 246

Char d'orgueil, voy. BOZON.

Chronique universelle en français (MM. 4 44) 353

Cinq (les) joies Nostre Dame (GG. 1. 1), en vers 307

Clerc ou chevalier, lequel vaut mieux en amour, poème (GG. 1. 1) 332

Complainte sur la mort d'Edouard I (GG. 1. 1) ... 337

Confession, les dix-sept points de la —, en prose (GG. 1. 1) 332

—, formule de —, prose (GG. 1. 1) 346

Credo (le), en grands vers (GG. 1. 1) 321

Credo (le), en vers de 7 et 8 syllabes (GG. 4. 32) 341

Croix, roman de la sainte —, prose (GG. 1. 1) 326

Domles, Evangiles des —, voy. ROBERT DE GRETHAM.

Edouard, Vie de saint —, poème (EE. 3. 59) 267

Edouard I, voy. Complainte et PIERRE DE LANGTOFT.

Pages.

Evangile de l'enfance, poème (GG. 1. 1) 334

— (ms. Didot) 335

Fauconnerie, traité latin, voy. *Liber*.

— traité en prose, avec prologue et épilogue en vers (FF. 6. 13) 288

— traité en vers (Harl. 978) 278

Folies, voy. Trente-deux (les)

GAUTIER DE BIBLESWORTH, traité pour apprendre le français (GG. 1. 1) 312

GILLES DE ROME, trad. par HENRI DE GAUCHI (EE. 2. 17) 264

Gloucester, voy. Humfrey.

HENDING, proverbes de —, en anglais (GG. 1. 1) 334

HENRI DE GAUCHI, voy. GILLES DE ROME.

HERMAN DE VALENCIENNES, l'Assomption Notre Dame, poème (GG. 1. 1) 308

HIPPOCRATE, *du gouvernement de santé*, traité attribué à — et adressé à César (FF. 1. 33) 274

Horn, roman de —, en vers (FF. 6. 17) 351

Humfrey, duc de Gloucester, liste des livres qui lui ont appartenu 264

Yder, poème de la Table ronde (EE. 4. 26) 268

Image (l') du monde, poème (GG. 1. 1) 314

JACQUES DE CESSOLES, traité des échecs moralisés, trad. par JEAN DE VIGNAI (FF. 1. 33) 275

JACQUES LEGRAND, *le Livre des bonnes mœurs* (FF. 1. 33) 274

Pages.

JEAN DE VIGNAI, voy. JACQUES DE CESSOLES et VÉGÈCE.

Joies Notre Dame; voy. *Cinq (les) joies* et *Neuf (les) joies.*

Jugement dernier, les signes précurseurs du —, en latin (GG.1.1)............. 317

Lamentation Notre Dame, voy. *Plainte*

LEGRAND, voy. JACQUES —

LANGTOFT, voy. PIERRE DE —

Liber de passionibus falconum, etc. (FF.6.13)........ 279

Manière (la) de langage (DD.12.23)............... 262

Manuel de pêchés, voy. WILLIAM DE WADINGTON.

Marguerite, Vie de sainte — (EE.6.11)............ 269

MARIE DE FRANCE, fables (EE.6.13)........... 269

Marie de Saint-Paul, comtesse de Pembroke, son bréviaire.............. 350

Medecines de garrir falcons, etc., prose (EE.6.11)... 279

MERLIN, Prophéties de —, prose (GG.1.1)........ 295

Miracle opéré par la vertu d'un *trentel*, en prose (FF.6.15)............ 281

Miracle de Sardenai, en vers (MM.6.15)........... 354

Miracle de la Vierge, vision du champ fleuri, en vers (EE.6.30)............ 272

— autre rédaction (GG.1.1)................. 327

Miracles de la Vierge, en latin (GG.1.1).......... 340

Miroir (le), voy. ROBERT DE GRETHAM.

MONACO (AIMARO), Rapport à Innocent III sur l'état des Sarrazins, en prose (GG.6.28)............ 347

Neuf (les) joies Notre Dame, en vers (DD.11.78).... 351

Oraisons, voy. *Ave Maria, Credo, Pater, Quicumque vult.*

Ordre (l') de Chevalerie, poème (GG.6.28)...... 347

Passion, poème anglais sur la — (GG.1.1)........ 295

Pater (le) exposition en latin du — (GG.1.1).... 332

— traduit en vers de 7 et 8 syll. (GG.4.32)...... 342

— paraphrasé en vers (GG.1.1)................ 322

Patriarche (le) de Jerusalem, voy. MONACO.

Patrice (saint), voy. Purgatoire.

Pélerinages de la Terre Sainte, voy. Terre Sainte.

Petite (la) philosophie, poème, (DD.10.31)........... 256

— (GG.6.28)..... 346

Physionomie, prose (GG.1.1) 331

PIERRE DE LANGTOFT, vie d'Edouard I (GG.1.1).. 313

PIERRE DE PECKHAM, *la Lumière as lais* (GG.1.1). 287

Pilate, légende latine de — (GG.1.1)............. 332

Plainte d'amour (la), poème (GG.1.1)............. 292

Plainte (la) ou *Lamentation Notre Dame* (GG.1.1)... 309

Poème allégorique (DD.10.31)................. 241

Ponthus, roman en prose (FF.3.31)............ 275

— (HH.3.16)....... 276

Prière en vers à saint François (EE.6.16)........ 271

Pages.

PRIMAT, vers latins (MM. 6.4)................ 349
Pronostics tirés du jour de la naissance, latin (GG.1.1) 325
Pronostics tirés du mois de la naissance, prose (GG. 1.1)................ 331
Pronostics tirés de la coïncidence des divers jours de la semaine avec la Noël, en vers (GG.1.1)....... 323
Pronostics tirés du tonnerre, latin (GG.1.1)......... 325
Prophéties (les), voy. MERLIN.
Psaumes de la pénitence, traduits en vers (GG.1.1) 305
Purgatoire de saint Patrice, en vers (EE.6.11)..... 269
Quatre sœurs, le dit des —, en vers (KK.4.20)..... 352
Quicumque vult, ou symbole de saint Athanase, en vers de 7 et 8 syll. (GG.4.32) 343
Quinze (les) signes de la fin du monde, poème (GG.1.1) 290
RAÜF DE LENHAM, Comput (GG.1.1)............. 285
ROBERT DE GRETHAM, le *Miroir*, ou *Evangiles des Domées* (GG.1.1)...... 296
Romans, voy. *Horn, Yder, Ponthus, Rose, Sept Sages. Tristan.*
Rose, roman de la — (GG. 4.6)................. 352
Sacramentis (de) Ecclesie (GG.1.1)............. 425
Saignée, jours où elle peut être pratiquée (GG.1.1). 325
Secret (le) des secrets, prose (FF.1.33)............ 273
Sentences en quatrains et en distiques (GG.1.1)..... 284
Sept Sages, roman des — en prose (GG.1.1)......... 330
— (GG.6.28)........ 348
Sidrac, le livre de — (GG. 1.1)........... 339
Six (les) âges de l'homme, en latin (GG.1.1). 325
Symbole des apôtres, voy. *Credo*.
Symbole de saint Athanase voy. *Quicumque vult*.
Terre Sainte, description de la —, prose (GG.6.28) 347
— Pélerinages de la —, prose (GG.6.28)....... 346
Trente-deux (les) folies, vers (GG.1.1)............. 340
Tristan, fragment d'un poème de — (DD.15.12)..... 349
Urbain le Courtois (GG.1.1) 284
VÉGÈCE, *de chevalerie*, trad. par JEAN DE VIGNAI (EE. 2.17)................ 652
Veni Creator, trad. en vers (EE.6.16)............ 272
Vierge (miracle de la).
Vies des Saints, voy. Edouard Marguerite.
WILLIAM DE WADINGTON, *Manuel de péchés*, poème (EE.1.20)......... 351
— — (MM.6.4) 348
— copie partielle (GG. 1.1)................. 312

Paul MEYER.

www.ingramcontent.com/pod-product-compliance
Ingram Content Group UK Ltd.
Pitfield, Milton Keynes, MK11 3LW, UK
UKHW031917260826
14628UKWH00003B/1241

9 782013 571616